AF091816

DISCLAIMER

The author and publisher are providing this book and its contents on an "as is" basis and make no representations or warranties of any kind with respect to this book or its contents. The author and publisher disclaim all such representations and warranties, including but not limited to warranties of merchantability. In addition, the author and publisher do not represent or warrant that the information accessible via this book is accurate, complete, or current.

Except as specifically stated in this book, neither the author nor publisher, nor any authors, contributors, or other representatives will be liable for damages arising out of or in connection with the use of this book. This is a comprehensive limitation of liability that applies to all damages of any kind, including (without limitation) compensatory; direct, indirect, or consequential damages; loss of data, income, or profit; loss of or damage to property; and claims of third parties.

BESTACTIVITYBOOKS.COM

FIRST EDITION - Published 2022

Extra Graphic Material From: www.freepik.com
Thanks to: Alekksall, Starline, Pch.vector, Rawpixel.com, Vectorpocket, Dgim-studio, Upklyak, Macrovector, Stockgiu, Pikisuperstar & Freepik.com Designers

GET
YOUR
BONUS
FREE
CODE: WSBONUS20

5 TIPS TO START!

1) HOW TO SOLVE

The Puzzles are in a Classic Format:

- Words are hidden without breaks (no spaces, dashes, ...)
- Orientation: Forward & Backward, Up & Down or in Diagonal (can be in both directions)
- Words can overlap or cross each other

2) ACTIVE LEARNING

To encourage learning actively, a space is provided next to each word to write down the translation. The **DICTIONARY** allows you to verify and expand your knowledge. You can look up and write down each translation, find the words in the Puzzle then add them to your vocabulary!

3) TAG YOUR WORDS

Have you tried using a tag system? For example, you could mark the words which have been difficult to find with a cross, the ones you loved with a star, new words with a triangle, rare words with a diamond and so on...

4) ORGANIZE YOUR LEARNING

We also offer a convenient **NOTEBOOK** at the end of this edition. Whether on vacation, travelling or at home, you can easily organize your new knowledge without needing a second notebook!

5) FINISHED?

Go to the bonus section: **MONSTER CHALLENGE** to find a free game offered at the end of this edition!

Want more fun and learning activities? It's **Fast and Simple!**
An entire Game Book Collection just **one click away!**

Find your next challenge at:

BestActivityBooks.com/MyNextWordSearch

Ready, Set... Go!

Did you know there are around 7,000 different languages in the world? Words are precious.

We love languages and have been working hard to make the highest quality books for you. Our ingredients?

A selection of indispensable learning themes, three big slices of fun, then we add a spoonful of difficult words and a pinch of rare ones. We serve them up with care and a maximum of delight so you can solve the best word games and have fun learning!

Your feedback is essential. You can be an active participant in the success of this book by leaving us a review. Tell us what you liked most in this edition!

Here is a short link which will take you to your order page.

BestBooksActivity.com/Review50

Thanks for your help and enjoy the Game!

Linguas Classics Team

1 - Antiques

I	N	V	E	S	T	I	T	I	O	N	D	O	U
F	E	M	L	E	F	S	I	E	R	P	E	X	N
J	Z	U	N	K	W	O	C	C	I	G	Q	Q	G
O	N	T	R	E	D	N	U	H	R	H	A	J	E
R	Ü	I	O	N	L	E	B	Ö	M	R	M	K	W
Z	M	M	H	W	E	I	Z	T	D	U	B	Z	Ö
S	A	M	M	L	E	R	M	X	E	T	C	E	H
T	H	I	A	M	S	E	V	J	K	P	P	K	N
Z	R	B	L	Z	T	L	E	D	O	L	K	U	L
C	T	Ä	T	I	L	A	U	Q	R	U	U	G	I
N	Y	N	Z	E	T	G	C	M	A	K	N	W	C
T	V	X	Q	Y	I	S	Y	C	T	S	S	E	H
V	E	R	K	A	U	F	E	N	I	X	T	R	F
E	L	E	G	A	N	T	N	Z	V	M	O	T	N

KUNST
JAHRHUNDERT
MÜNZEN
SAMMLER
DEKORATIV
ELEGANT
MÖBEL
GALERIE
INVESTITION
SCHMUCK
ALT
PREIS
QUALITÄT
SKULPTUR
STIL
VERKAUFEN
UNGEWÖHNLICH
WERT

2 - Food #1

Z	U	C	K	E	R	Z	S	E	S	Z	G	J	A
A	R	P	F	H	B	M	A	R	P	I	S	T	T
G	P	G	E	V	R	U	F	D	I	T	Q	F	F
A	E	R	F	F	I	K	T	N	N	R	C	V	J
Z	P	R	I	V	F	I	S	U	A	O	O	L	E
D	W	A	S	K	E	L	A	S	T	N	Z	S	C
D	C	I	R	T	O	I	L	S	S	E	I	X	C
W	J	X	E	J	E	S	Z	L	U	R	M	Q	Q
Q	N	P	B	B	Q	A	E	A	P	E	T	O	M
S	A	L	A	T	E	B	Ü	R	P	E	U	J	B
S	A	H	B	H	C	L	I	M	E	B	P	K	I
K	A	R	O	T	T	E	H	Z	G	D	A	O	R
T	H	U	N	F	I	S	C	H	P	R	P	S	N
K	N	O	B	L	A	U	C	H	Z	E	T	S	E

APRIKOSE
GERSTE
BASILIKUM
KAROTTE
ZIMT
KNOBLAUCH
SAFT
ZITRONE
MILCH
ZWIEBEL

ERDNUSS
BIRNE
SALAT
SALZ
SUPPE
SPINAT
ERDBEERE
ZUCKER
THUNFISCH
RÜBE

3 - Measurements

B	R	E	I	T	E	Q	A	Z	V	M	D	X	Y
T	Y	S	X	V	X	V	P	E	O	I	E	Y	M
H	O	G	Y	C	X	F	L	N	L	N	Z	X	A
C	P	N	K	S	N	A	B	T	U	U	I	B	R
I	B	G	N	R	R	C	C	I	M	T	M	O	S
W	C	H	A	E	E	M	J	M	E	E	A	H	U
E	Z	N	U	Q	T	K	H	E	N	M	L	H	V
G	D	O	S	Q	E	Y	P	T	T	A	G	H	Y
M	U	X	L	F	M	G	B	E	I	I	D	T	J
J	D	K	F	L	O	R	P	R	E	H	Q	E	M
G	R	A	M	M	L	A	F	P	F	Ö	K	S	G
L	Ä	N	G	E	I	D	H	T	E	H	L	S	H
M	E	T	E	R	K	B	T	U	W	E	V	A	G
L	I	T	E	R	K	I	L	O	G	R	A	M	M

BYTE
ZENTIMETER
DEZIMAL
GRAD
TIEFE
GRAMM
HÖHE
ZOLL
KILOGRAMM
KILOMETER
LÄNGE
LITER
MASSE
METER
MINUTE
UNZE
TONNE
VOLUMEN
GEWICHT
BREITE

4 - Farm #2

P	U	N	E	L	H	Ü	M	D	N	I	W	B	T
F	C	H	D	L	Z	C	D	V	K	B	P	E	R
I	P	X	V	R	V	V	L	S	Z	Y	V	W	A
W	A	C	H	S	E	N	W	I	E	S	E	Ä	K
G	U	O	Q	I	T	E	M	X	M	P	B	S	T
Q	E	V	Q	A	N	T	H	C	U	R	F	S	O
X	Z	R	U	M	E	R	B	B	F	B	L	E	R
I	Y	B	S	X	F	A	A	M	A	L	T	R	X
N	M	F	B	T	X	G	U	M	U	S	I	U	S
E	S	S	E	N	E	T	E	A	F	S	E	N	C
Z	V	Z	D	S	V	S	R	L	W	N	R	G	H
I	R	Z	G	K	S	B	P	C	F	N	E	Z	A
E	S	G	U	O	E	O	G	E	M	Ü	S	E	F
W	I	P	D	S	S	C	H	E	U	N	E	W	G

TIERE
GERSTE
SCHEUNE
MAIS
ENTE
BAUER
ESSEN
FRUCHT
BEWÄSSERUNG
LAMM
LAMA
WIESE
MILCH
OBSTGARTEN
SCHAF
WACHSEN
TRAKTOR
GEMÜSE
WEIZEN
WINDMÜHLE

5 - Books

E	T	H	C	I	H	C	S	E	G	O	C	K	J
G	R	E	R	Z	Ä	H	L	E	R	Q	P	V	K
P	E	F	K	O	L	L	E	K	T	I	O	N	O
Y	S	D	I	A	B	E	N	T	E	U	E	R	N
S	E	T	I	N	G	K	D	V	I	V	M	D	T
G	L	D	F	C	D	C	R	E	S	R	S	U	E
S	E	I	T	E	H	E	P	G	E	O	K	A	X
E	P	I	S	C	H	T	R	H	O	M	M	L	T
T	R	A	G	I	S	C	H	I	P	A	Z	I	R
H	C	R	V	P	X	C	V	T	S	N	P	T	I
H	U	M	O	R	V	O	L	L	K	C	S	Ä	J
A	U	T	O	R	A	G	I	H	D	T	H	T	O
H	I	S	T	O	R	I	S	C	H	A	Y	T	A
W	R	E	L	E	V	A	N	T	Z	L	S	M	O

ABENTEUER
AUTOR
KOLLEKTION
KONTEXT
DUALITÄT
EPISCH
HISTORISCH
HUMORVOLL
ERFINDERISCH
ERZÄHLER
ROMAN
SEITE
GEDICHT
POESIE
LESER
RELEVANT
GESCHICHTE
TRAGISCH

6 - Meditation

F	O	X	I	K	W	A	C	H	E	B	B	V	G
R	L	G	Y	L	E	P	D	Z	B	S	C	E	E
I	E	E	S	A	L	I	R	U	H	I	G	R	I
E	R	D	Q	R	L	B	N	O	F	A	R	S	S
D	N	A	Z	H	I	K	T	B	I	Q	H	T	T
E	E	N	D	E	T	L	O	U	L	B	N	A	I
N	N	K	Z	I	S	P	Y	K	H	I	K	N	G
L	F	E	D	T	M	O	I	J	Ü	A	C	D	N
N	G	N	U	G	E	W	E	B	F	N	Ü	K	U
T	Y	Z	R	E	D	W	V	O	E	N	L	I	M
H	A	L	T	U	N	G	U	T	G	A	G	S	T
C	R	J	A	E	T	T	K	Z	T	H	B	U	A
I	S	R	C	X	D	A	X	C	I	M	S	M	V
B	Q	M	C	B	K	K	N	P	M	E	P	J	W

ANNAHME
WACH
ATMUNG
RUHIG
KLARHEIT
MITGEFÜHL
GLÜCK
EINBLICK
GEISTIG
VERSTAND
BEWEGUNG
MUSIK
NATUR
FRIEDEN
HALTUNG
STILLE
GEDANKEN
LERNEN

7 - Days and Months

M	D	O	N	N	E	R	S	T	A	G	W	M	B
Q	O	N	O	V	E	M	B	E	R	B	W	I	R
E	D	N	R	E	D	N	E	L	A	K	M	T	V
Q	R	H	A	J	Z	G	S	V	V	L	L	T	F
G	W	D	U	T	M	Y	A	M	F	Y	E	W	R
G	O	G	R	E	B	M	E	T	P	E	S	O	E
I	C	U	B	M	Ä	R	Z	I	S	E	N	C	I
L	H	B	E	N	L	S	I	S	O	N	R	H	T
U	E	J	F	L	K	A	L	V	N	B	E	L	A
J	A	N	U	A	R	M	T	L	N	U	B	I	G
M	O	N	T	A	G	S	A	B	T	Q	O	R	D
A	U	G	U	S	T	T	R	K	A	E	T	P	Z
S	C	U	O	Y	K	A	G	Z	G	I	K	A	J
U	J	F	C	T	T	G	K	L	D	Q	O	N	V

APRIL
AUGUST
KALENDER
FEBRUAR
FREITAG
JANUAR
JULI
MÄRZ
MONTAG
MONAT
NOVEMBER
OKTOBER
SAMSTAG
SEPTEMBER
SONNTAG
DONNERSTAG
DIENSTAG
MITTWOCH
WOCHE
JAHR

8 - Energy

B	H	S	F	F	O	T	S	R	E	S	S	A	W
V	M	K	F	P	H	B	N	G	U	E	J	K	P
E	E	J	O	M	I	E	A	T	M	L	E	O	M
C	R	R	T	A	T	N	M	P	W	E	D	H	R
W	V	A	S	D	Z	Z	O	H	E	K	E	L	G
B	E	B	N	C	E	I	T	O	L	T	N	E	S
R	E	R	N	E	H	N	O	T	T	R	T	N	B
D	N	E	E	F	L	M	R	O	M	I	R	S	A
N	I	U	R	N	L	E	U	N	Z	S	O	T	T
I	B	E	B	M	L	I	K	T	K	C	P	O	T
W	R	N	S	B	W	B	X	T	Z	H	I	F	E
Q	U	R	A	E	L	K	U	N	R	U	E	F	R
Y	T	E	D	J	L	T	G	C	A	O	N	Z	I
I	N	D	U	S	T	R	I	E	S	I	N	G	E

BATTERIE
KOHLENSTOFF
DIESEL
ELEKTRISCH
ELEKTRON
ENTROPIE
UMWELT
BRENNSTOFF
BENZIN
HITZE
WASSERSTOFF
INDUSTRIE
MOTOR
NUKLEAR
PHOTON
VERSCHMUTZUNG
ERNEUERBAR
DAMPF
TURBINE
WIND

9 - Chess

C	S	W	E	I	S	S	W	D	S	F	Y	R	U
K	H	C	A	E	F	Z	Q	I	T	U	O	K	Y
Z	X	A	H	G	T	F	U	A	R	Y	B	Q	V
I	C	Z	M	W	T	K	R	G	A	Z	R	R	H
R	N	R	K	P	A	X	Q	O	T	M	E	E	H
P	P	J	N	F	I	R	A	N	E	O	W	I	K
G	E	G	N	E	R	O	Z	A	G	K	E	N	T
K	Ö	N	I	G	I	N	N	L	I	Ö	B	R	P
S	R	H	D	C	R	E	V	R	E	N	T	U	A
W	E	B	X	W	N	Z	S	E	T	I	T	T	S
X	F	S	P	I	E	L	G	G	K	G	E	Z	S
S	P	I	E	L	E	R	W	E	N	U	W	R	I
P	O	A	A	K	Z	S	H	L	U	L	J	L	V
L	E	R	N	E	N	W	U	N	P	K	T	V	S

SCHWARZ
CHAMPION
KLUG
WETTBEWERB
DIAGONAL
SPIEL
KÖNIG
GEGNER
PASSIV
SPIELER
PUNKTE
KÖNIGIN
REGELN
OPFER
STRATEGIE
ZEIT
LERNEN
TURNIER
WEISS

10 - Archeology

O	A	V	M	A	N	N	S	C	H	A	F	T	N
B	N	O	E	G	E	H	E	I	M	N	I	S	A
J	A	B	A	R	G	F	U	T	V	R	F	C	C
E	L	T	R	Y	G	O	O	R	A	Z	L	W	H
K	Y	O	Ä	C	Y	E	T	S	A	R	G	U	K
T	S	S	T	B	S	F	S	U	S	L	T	Y	O
E	E	M	G	A	Z	F	H	S	W	I	T	H	M
P	R	O	F	E	S	S	O	R	E	L	L	R	M
A	U	S	W	E	R	T	U	N	G	N	E	E	E
A	N	T	I	Q	U	I	T	Ä	T	X	P	L	H
K	N	O	C	H	E	N	B	A	M	H	M	I	D
F	O	R	S	C	H	E	R	O	G	Y	E	K	U
S	E	X	P	E	R	T	E	D	D	P	T	T	G
Z	I	V	I	L	I	S	A	T	I	O	N	A	W

ANALYSE
URALT
ANTIQUITÄT
KNOCHEN
ZIVILISATION
NACHKOMME
ÄRA
AUSWERTUNG
EXPERTE
VERGESSEN
FOSSIL
GEHEIMNIS
OBJEKTE
PROFESSOR
RELIKT
FORSCHER
MANNSCHAFT
TEMPEL
GRAB

11 - Food #2

M	O	H	K	N	Y	Y	L	X	T	F	A	A	Z
E	R	U	O	I	O	L	K	R	O	L	R	P	S
B	G	H	K	C	R	R	D	S	M	A	T	F	S
H	A	N	W	N	I	S	S	D	A	S	I	E	C
O	L	N	K	I	W	I	C	C	T	C	S	L	H
A	K	H	A	R	N	Y	S	H	E	H	C	B	I
P	U	J	K	N	V	K	A	C	E	O	H	R	N
I	A	B	K	X	E	C	T	S	I	K	O	O	K
L	F	N	E	Z	I	E	W	I	R	O	C	K	E
Z	F	V	B	R	Z	C	W	F	E	L	K	K	N
R	T	R	U	H	G	O	J	B	L	A	E	O	H
E	X	M	A	J	U	I	W	B	L	D	D	L	Q
I	Y	N	R	R	G	A	N	M	E	E	H	I	W
S	C	I	T	P	H	S	A	E	S	Ä	K	S	J

APFEL
ARTISCHOCKE
BANANE
BROKKOLI
SELLERIE
KÄSE
KIRSCHE
HUHN
SCHOKOLADE
EI
AUBERGINE
FISCH
TRAUBE
SCHINKEN
KIWI
PILZ
REIS
TOMATE
WEIZEN
JOGHURT

12 - Chemistry

R	O	L	H	C	X	W	Q	W	H	F	C	E	P
A	G	G	E	W	I	C	H	T	F	S	A	L	Z
E	G	A	U	D	X	J	B	I	F	O	A	M	T
L	J	O	S	M	X	L	I	D	F	N	E	O	E
K	A	T	A	L	Y	S	A	T	O	R	L	L	M
U	T	F	V	M	N	Z	O	K	T	H	E	E	P
N	D	T	B	N	B	S	N	L	S	I	K	K	E
A	T	O	M	I	C	W	O	E	R	T	T	Ü	R
S	Ä	U	R	E	G	Y	I	N	E	Z	R	L	A
O	R	G	A	N	I	S	C	H	U	E	O	X	T
A	L	K	A	L	I	S	C	H	A	H	N	U	U
E	U	E	L	J	X	G	O	A	S	C	J	A	R
W	A	S	S	E	R	S	T	O	F	F	N	B	G
F	L	Ü	S	S	I	G	K	E	I	T	M	K	O

SÄURE
ALKALISCH
ATOMIC
KATALYSATOR
CHLOR
ELEKTRON
ENZYM
GAS
HITZE
WASSERSTOFF
ION
FLÜSSIGKEIT
MOLEKÜL
NUKLEAR
ORGANISCH
SAUERSTOFF
SALZ
TEMPERATUR
GEWICHT

13 - Music

S	Ä	N	G	E	R	E	B	Q	O	K	R	D	K
H	B	E	I	N	O	M	R	A	H	X	W	T	T
C	N	O	Q	J	H	P	W	W	L	F	V	S	H
S	D	E	M	P	H	W	E	S	M	L	L	A	E
I	Z	M	G	V	C	N	X	R	U	R	A	A	V
T	V	H	I	N	S	C	H	N	S	H	M	D	W
K	L	A	S	S	I	S	C	H	I	Y	U	P	E
E	J	N	K	S	M	S	S	C	K	T	S	R	M
L	T	F	X	F	H	H	I	S	E	H	I	E	E
K	J	U	C	S	T	B	T	I	R	M	C	B	L
E	P	A	M	B	Y	D	E	R	T	U	A	R	O
B	E	N	Y	B	H	S	O	Y	Y	S	L	S	D
A	L	B	U	M	R	O	P	L	C	H	O	R	I
I	N	S	T	R	U	M	E	N	T	U	L	O	E

ALBUM
BALLADE
CHOR
KLASSISCH
EKLEKTISCH
HARMONIE
INSTRUMENT
LYRISCH
MELODIE
MUSICAL
MUSIKER
OPER
POETISCH
AUFNAHME
RHYTHMUS
RHYTHMISCH
SINGEN
SÄNGER

14 - Family

G	N	P	D	F	Q	A	V	M	V	N	K	S	M
B	T	I	O	L	H	Z	O	U	A	E	I	K	N
Y	I	A	C	C	T	X	R	T	T	F	N	E	I
M	Z	S	N	H	F	L	F	T	E	F	D	H	C
I	K	J	I	T	T	S	A	E	R	E	E	E	W
O	N	K	E	L	E	E	H	R	K	H	R	M	K
E	H	E	F	R	A	U	R	D	I	D	B	A	I
B	I	J	H	C	I	L	R	E	T	Ä	V	N	N
P	F	D	S	C	H	W	E	S	T	E	R	N	D
K	I	N	D	U	D	F	T	K	D	V	E	Z	H
V	E	T	T	E	R	E	H	X	N	Z	D	Z	E
T	X	T	Q	Z	B	O	C	V	Q	E	U	G	I
R	E	T	A	V	S	S	O	R	G	X	R	X	T
N	H	C	I	L	R	E	T	T	Ü	M	B	Z	S

VORFAHR
TANTE
BRUDER
KIND
KINDHEIT
KINDER
VETTER
TOCHTER
VATER
GROSSVATER
ENKEL
EHEMANN
MÜTTERLICH
MUTTER
NEFFE
NICHTE
VÄTERLICH
SCHWESTER
ONKEL
EHEFRAU

15 - Farm #1

P	W	O	M	C	P	G	I	K	N	O	S	I	B
T	A	A	K	B	K	H	N	S	H	U	E	H	J
H	S	T	A	A	S	Z	N	X	U	A	A	Q	S
U	S	J	T	H	P	H	T	F	M	D	E	Z	Q
N	E	Y	Z	O	E	I	H	P	H	Ü	P	I	T
D	R	N	E	S	N	R	V	U	U	N	X	E	P
K	R	Ä	H	E	E	W	D	J	H	G	E	G	F
K	A	L	B	K	I	D	R	E	N	E	V	E	E
V	A	W	Y	S	B	M	H	E	L	R	U	G	R
Q	H	K	C	K	J	U	O	J	I	T	I	C	D
F	E	L	D	U	Y	Z	N	L	P	S	A	P	Z
E	T	E	X	H	Q	F	I	U	G	H	T	Z	C
A	X	S	F	I	D	Y	G	T	S	U	Q	W	N
X	D	E	P	F	B	B	S	D	W	H	C	J	E

BIENE
BISON
KALB
KATZE
HUHN
KUH
KRÄHE
HUND
ESEL
ZAUN
DÜNGER
FELD
HERDE
ZIEGE
HEU
HONIG
PFERD
REIS
SAAT
WASSER

16 - Camping

J	K	G	C	I	J	Q	C	N	Y	D	H	W	K
C	O	Y	G	N	I	A	T	U	B	M	X	U	L
K	B	Z	N	S	R	H	G	R	E	B	L	W	T
N	A	O	R	E	U	E	F	D	M	O	N	D	A
J	B	B	L	K	T	L	E	Z	K	A	N	U	B
Q	C	M	I	T	A	Y	T	P	L	C	U	Z	E
Y	B	C	E	N	N	N	Z	A	W	I	C	O	N
J	H	L	S	P	E	E	S	S	A	P	S	P	T
T	I	E	R	E	T	Y	S	F	N	H	U	U	E
C	Y	M	C	N	R	D	A	E	K	J	K	L	U
H	R	U	Q	C	A	A	P	P	L	Q	C	P	E
N	Q	N	S	Q	K	H	M	I	Z	C	O	Q	R
B	W	A	L	D	W	F	O	B	Ä	U	M	E	Y
T	K	N	N	K	Z	E	K	M	Q	K	H	P	D

ABENTEUER
TIERE
KABINE
KANU
KOMPASS
FEUER
WALD
SPASS
HUT
JAGD
INSEKT
SEE
KARTE
MOND
BERG
NATUR
SEIL
ZELT
BÄUME

17 - Algebra

U	N	Y	V	K	U	N	E	N	D	L	I	C	H
C	U	O	E	N	L	I	E	T	H	C	U	R	B
S	L	U	R	M	U	A	Q	L	O	X	S	P	F
U	L	H	E	N	F	M	M	E	L	B	O	R	P
B	Q	X	I	R	T	A	M	M	L	J	T	O	B
T	J	I	N	U	S	G	W	E	E	M	X	G	V
R	T	S	F	O	U	N	B	O	R	R	T	L	A
A	T	Z	A	K	I	U	R	E	K	O	N	E	R
K	S	U	C	H	C	S	L	A	F	T	E	I	I
T	V	S	H	Y	J	Ö	I	Q	H	K	N	C	A
I	R	A	E	N	I	L	V	V	V	A	O	H	B
O	H	T	N	T	T	U	F	X	I	F	P	U	L
N	R	Z	F	O	R	M	E	L	W	D	X	N	E
D	I	A	G	R	A	M	M	J	I	T	E	G	Y

ZUSATZ
DIAGRAMM
DIVISION
GLEICHUNG
EXPONENT
FAKTOR
FALSCH
FORMEL
BRUCHTEIL
UNENDLICH
LINEAR
MATRIX
NUMMER
KLAMMERN
PROBLEM
VEREINFACHEN
LÖSUNG
SUBTRAKTION
VARIABLE
NULL

18 - Numbers

X	O	F	S	L	U	U	R	V	W	V	G	Z	N
U	D	Y	P	F	Ü	N	F	B	C	I	E	W	Z
M	I	A	A	W	S	H	H	X	L	E	X	A	G
J	H	C	H	U	V	E	D	E	W	R	Z	N	D
F	D	H	W	V	D	Z	V	D	Z	Q	X	Z	D
A	Y	T	B	V	P	B	U	R	F	F	Y	I	U
P	V	X	Q	T	S	E	M	E	N	B	N	G	J
S	I	E	B	E	N	I	R	I	H	I	U	Ü	C
Z	W	Ö	L	F	H	S	S	Z	E	J	E	N	F
V	I	E	R	Z	E	H	N	E	Z	I	N	M	S
Z	K	R	T	E	Z	F	W	H	H	E	N	D	E
A	C	H	T	Z	E	H	N	N	C	R	C	S	C
N	E	U	N	Z	E	H	N	L	E	D	Y	U	H
D	E	Z	I	M	A	L	S	G	S	T	W	M	S

DEZIMAL
ACHT
ACHTZEHN
FÜNFZEHN
FÜNF
VIER
VIERZEHN
NEUN
NEUNZEHN
EINS
SIEBEN
SIEBZEHN
SECHS
SECHZEHN
ZEHN
DREIZEHN
DREI
ZWÖLF
ZWANZIG
ZWEI

19 - Spices

J	M	M	X	O	R	Z	L	A	S	L	Z	F	I
K	O	R	I	A	N	D	E	R	A	L	I	E	H
M	M	C	V	K	E	H	B	B	F	H	M	N	R
I	A	L	U	H	O	G	E	I	R	Q	T	C	L
Q	D	G	C	R	L	N	I	T	A	T	I	H	F
Q	R	T	Q	C	R	L	W	T	N	R	D	E	G
N	A	G	J	N	N	Y	Z	E	T	E	K	L	E
P	K	Z	D	D	H	E	F	R	N	W	V	H	S
P	A	V	A	N	I	L	L	E	A	G	U	F	C
D	Y	P	H	C	U	A	L	B	O	N	K	V	H
M	Q	J	R	E	L	Z	C	Q	E	I	I	S	M
R	I	W	B	I	N	E	L	K	E	C	J	S	A
L	E	M	M	Ü	K	Z	U	E	R	K	V	Ü	C
K	S	S	U	N	T	A	K	S	U	M	F	S	K

ANIS
BITTER
KARDAMOM
ZIMT
NELKE
KORIANDER
KREUZKÜMMEL
CURRY
FENCHEL
GESCHMACK
KNOBLAUCH
INGWER
MUSKATNUSS
ZWIEBEL
PAPRIKA
SAFRAN
SALZ
SÜSS
VANILLE

20 - Universe

U	H	C	S	I	M	S	O	K	S	L	Y	K	O
B	E	D	N	E	W	N	E	N	N	O	S	F	R
I	M	J	O	M	B	G	T	D	D	Z	M	R	B
Y	I	L	Ä	Z	P	A	I	W	W	I	F	U	I
R	S	A	E	G	X	L	E	V	J	V	J	P	T
M	P	T	K	M	B	A	R	A	L	O	S	N	H
O	H	M	Z	V	M	X	B	H	N	W	N	K	G
N	Ä	O	T	H	D	I	O	R	E	T	S	A	M
D	R	S	L	T	I	E	H	L	E	K	N	U	D
Q	E	P	A	S	T	R	O	N	O	M	I	E	C
Q	X	H	P	X	D	A	S	T	R	O	N	O	M
R	W	Ä	H	O	R	I	Z	O	N	T	Y	R	H
F	H	R	A	B	T	H	C	I	S	P	S	E	O
H	X	E	T	E	L	E	S	K	O	P	T	L	T

ASTEROID
ASTRONOM
ASTRONOMIE
ATMOSPHÄRE
KOSMISCH
DUNKELHEIT
ÄON
GALAXIE
HEMISPHÄRE
HORIZONT
BREITE
MOND
ORBIT
HIMMEL
SOLAR
SONNENWENDE
TELESKOP
SICHTBAR

21 - Mammals

T	C	B	O	H	I	C	F	U	C	H	S	K	E
W	O	L	F	S	K	O	J	O	T	E	S	A	H
R	H	P	X	L	C	W	B	R	Z	F	J	T	P
R	E	I	T	S	E	H	A	L	E	F	C	Z	Q
E	L	E	F	A	N	T	A	L	B	A	D	E	D
B	F	O	R	Q	Q	S	D	F	R	D	E	U	R
I	X	K	N	S	A	I	E	T	A	F	L	R	U
B	M	H	S	E	X	L	V	N	I	S	F	U	A
W	J	K	G	G	P	K	H	V	U	D	I	G	W
V	Z	G	I	R	A	F	F	E	L	J	N	N	C
H	U	N	D	R	E	F	P	V	R	Ö	B	Ä	R
H	F	G	H	S	W	K	M	K	U	E	W	K	B
P	G	O	R	I	L	L	A	L	T	E	I	E	C
P	M	H	F	Z	Z	D	A	O	X	E	A	T	N

BÄR
BIBER
STIER
KATZE
KOJOTE
HUND
DELFIN
ELEFANT
FUCHS
GIRAFFE
GORILLA
PFERD
KÄNGURU
LÖWE
AFFE
HASE
SCHAF
WAL
WOLF
ZEBRA

22 - Fishing

R	F	O	I	R	C	S	M	B	N	J	L	A	G
V	T	T	Z	R	N	E	S	S	O	L	F	U	E
O	H	G	S	E	R	E	S	S	A	W	S	S	D
O	C	X	V	R	A	J	B	X	O	F	N	R	U
K	I	E	F	E	R	N	E	M	E	I	K	Ü	L
R	W	G	M	K	M	O	M	O	E	G	Y	S	D
F	E	A	C	H	Ö	K	O	C	H	E	N	T	T
G	G	A	Z	I	A	D	N	A	R	T	S	U	L
M	B	W	U	N	I	K	E	F	A	Q	F	N	F
B	K	T	I	E	Z	S	E	R	H	A	J	G	L
O	S	J	K	O	R	B	H	N	T	M	Y	N	U
O	Ü	B	E	R	T	R	E	I	B	U	N	G	S
T	D	R	A	H	T	Y	N	T	L	K	X	U	S
A	V	Z	B	E	E	L	B	G	M	O	T	Y	L

KÖDER
KORB
STRAND
BOOT
KOCHEN
AUSRÜSTUNG
ÜBERTREIBUNG
FLOSSEN
KIEMEN
HAKEN
KIEFER
SEE
OZEAN
GEDULD
FLUSS
WAAGE
JAHRESZEIT
WASSER
GEWICHT
DRAHT

23 - Bees

E	S	O	N	N	E	P	Y	Q	C	M	H	K	R
T	S	P	F	L	A	N	Z	E	N	S	D	B	A
Ü	H	S	N	L	N	V	F	R	U	C	H	T	U
L	O	K	E	Q	E	N	I	G	I	N	Ö	K	C
B	N	M	M	N	T	B	V	E	E	I	B	E	H
V	I	R	U	E	R	U	E	P	L	Q	N	S	P
U	G	A	L	L	A	C	R	N	O	F	E	N	G
C	G	W	B	L	G	E	I	B	S	N	A	I	Y
O	T	H	Y	O	W	A	C	H	S	R	Y	L	Q
L	V	C	E	P	B	K	Y	M	I	Y	A	F	T
B	E	S	T	Ä	U	B	E	R	A	H	L	U	S
V	O	R	T	E	I	L	H	A	F	T	A	Q	M
B	I	E	N	E	N	K	O	R	B	N	B	D	W
Ö	K	O	S	Y	S	T	E	M	M	H	E	G	N

VORTEILHAFT
BLÜTE
VIELFALT
ÖKOSYSTEM
BLUMEN
ESSEN
FRUCHT
GARTEN
LEBENSRAUM
BIENENKORB

HONIG
INSEKT
PFLANZEN
POLLEN
BESTÄUBER
KÖNIGIN
RAUCH
SONNE
SCHWARM
WACHS

24 - Weather

D	V	C	S	B	L	F	O	R	P	Q	H	Q	T
R	J	J	I	T	L	P	B	W	A	G	W	H	E
K	D	F	E	P	U	A	F	F	E	U	I	I	M
R	D	N	A	K	I	R	R	U	H	C	N	M	P
W	E	R	R	Ü	D	A	M	I	L	K	D	M	E
M	K	G	P	O	L	A	R	V	X	D	H	E	R
D	L	M	E	S	I	R	B	L	B	N	C	L	A
Y	O	D	A	N	R	O	T	U	X	L	S	D	T
X	W	C	T	J	B	E	L	D	D	E	I	T	U
M	O	N	S	U	N	O	W	H	R	B	P	T	R
D	O	N	N	E	R	G	G	R	O	E	O	A	Z
S	K	H	M	E	M	M	S	E	X	N	R	F	U
O	T	R	O	C	K	E	N	V	N	H	T	E	E
A	T	M	O	S	P	H	Ä	R	E	B	V	Z	B

ATMOSPHÄRE
BRISE
KLIMA
WOLKE
DÜRRE
TROCKEN
NEBEL
HURRIKAN
EIS
BLITZ
MONSUN
POLAR
REGENBOGEN
HIMMEL
STURM
TEMPERATUR
DONNER
TORNADO
TROPISCH
WIND

25 - Adventure

T	A	P	F	E	R	K	E	I	T	Q	G	B	X
A	U	S	F	L	U	G	Y	B	Q	Ü	E	E	I
A	K	T	I	V	I	T	Ä	T	C	B	L	G	X
F	R	E	U	N	D	E	I	R	E	E	E	E	A
T	P	B	O	D	P	W	C	O	C	R	G	I	C
U	V	T	A	S	C	I	C	U	N	R	E	S	F
K	Y	K	D	E	N	O	Z	T	R	A	N	T	B
H	C	I	L	R	H	Ä	F	E	G	S	H	E	D
S	I	C	H	E	R	H	E	I	T	C	E	R	N
I	Y	Q	E	D	U	E	R	F	G	H	I	U	E
J	L	V	B	R	T	H	P	M	Z	E	T	N	U
Z	N	O	I	T	A	G	I	V	A	N	W	G	F
B	N	X	E	C	N	A	H	C	T	D	H	B	L
Z	I	E	L	S	C	H	Ö	N	H	E	I	T	Y

AKTIVITÄT
SCHÖNHEIT
TAPFERKEIT
CHANCE
GEFÄHRLICH
ZIEL
BEGEISTERUNG
AUSFLUG
FREUNDE
ROUTE
FREUDE
NATUR
NAVIGATION
NEU
GELEGENHEIT
SICHERHEIT
ÜBERRASCHEND

26 - Sport

Y	R	T	I	E	K	G	I	H	Ä	F	S	T	K
L	L	A	P	A	U	S	D	A	U	E	R	I	N
I	A	N	E	R	E	I	M	I	X	A	M	G	A
C	R	Z	A	G	X	T	L	J	J	H	D	E	T
F	I	E	C	N	Z	F	P	S	O	M	K	S	H
X	D	N	P	U	A	M	H	P	G	Z	N	U	L
P	R	O	G	R	A	M	M	O	G	D	O	N	E
D	L	Z	O	H	Ö	R	O	R	E	B	C	D	T
A	I	W	W	Ä	S	K	B	T	N	T	H	H	B
F	T	Ä	G	N	M	U	S	K	E	L	E	E	H
Z	X	M	T	R	E	N	I	A	R	T	N	I	V
U	K	M	E	E	K	R	Ä	T	S	J	P	T	M
C	W	P	S	N	R	A	D	F	A	H	R	E	N
L	M	E	T	A	B	O	L	I	S	C	H	T	K

FÄHIGKEIT
ATHLET
KÖRPER
KNOCHEN
TRAINER
RADFAHREN
TANZEN
DIÄT
AUSDAUER
GESUNDHEIT
JOGGEN
MAXIMIEREN
METABOLISCH
MUSKEL
ERNÄHRUNG
PROGRAMM
SPORT
STÄRKE
ATMEN

27 - Circus

N	S	S	P	E	K	T	A	K	U	L	Ä	R	F
J	N	C	L	O	W	N	T	A	B	O	R	K	A
M	O	O	V	J	Z	M	I	D	C	E	L	P	V
J	L	N	K	M	E	U	G	T	G	W	A	A	E
M	L	Q	G	T	L	S	E	L	J	C	F	R	P
H	A	N	A	L	T	I	R	K	Ö	M	F	A	N
I	B	G	U	Y	E	K	D	V	J	W	E	D	C
H	K	C	I	R	T	U	Q	N	M	T	E	E	I
P	R	W	T	E	R	E	R	E	B	U	A	Z	P
Z	U	S	C	H	A	U	E	R	E	L	W	D	C
J	G	E	L	E	F	A	N	T	R	K	P	T	U
U	N	T	E	R	H	A	L	T	E	N	U	C	V
W	Z	E	I	G	E	N	R	F	I	N	Y	C	I
X	Z	X	H	B	T	W	M	Ü	T	S	O	K	A

AKROBAT
TIERE
BALLONS
CLOWN
KOSTÜM
ELEFANT
UNTERHALTEN
JONGLEUR
LÖWE
MAGIE
ZAUBERER
AFFE
MUSIK
PARADE
ZEIGEN
SPEKTAKULÄR
ZUSCHAUER
ZELT
TIGER
TRICK

28 - Restaurant #2

F	P	P	W	T	M	U	C	L	O	B	V	G	M
K	R	E	S	S	A	W	I	H	X	Z	Y	E	I
A	U	U	S	K	V	N	Z	U	J	U	E	W	T
B	K	C	C	K	N	Ä	R	T	E	G	M	Ü	T
E	E	B	H	H	Z	L	A	S	I	E	V	R	A
N	L	P	R	E	T	E	E	I	E	R	V	Z	G
D	L	N	M	O	N	F	S	D	Y	Y	F	E	E
E	N	T	C	H	J	F	Ü	E	U	X	I	P	S
S	E	O	P	E	U	Ö	M	R	N	N	S	P	S
S	R	A	M	V	T	L	E	T	K	Y	C	U	E
E	J	T	Y	S	A	J	G	A	Q	Y	H	S	N
N	K	Ö	S	T	L	I	C	H	Q	T	K	C	O
H	V	Q	N	D	A	Q	M	D	Z	F	L	V	F
B	R	I	A	N	S	K	M	N	G	A	B	E	L

GETRÄNK
KUCHEN
STUHL
KÖSTLICH
ABENDESSEN
EIER
FISCH
GABEL
FRUCHT
EIS
MITTAGESSEN
NUDELN
SALAT
SALZ
SUPPE
GEWÜRZE
LÖFFEL
GEMÜSE
KELLNER
WASSER

29 - Geology

E	R	O	S	I	O	N	V	A	K	K	H	Q	G
E	R	D	B	E	B	E	N	P	Z	O	K	U	E
S	C	H	I	C	H	T	C	F	R	R	L	A	Y
K	R	I	S	T	A	L	L	E	O	A	A	R	S
M	I	N	E	R	A	L	I	E	N	L	M	Z	I
D	I	M	S	S	E	W	Z	A	D	L	U	S	R
F	Y	D	E	Ä	T	J	J	O	Q	E	I	T	F
Z	O	L	Z	V	U	E	O	S	A	L	Z	A	O
V	U	L	K	A	N	R	I	U	Z	L	L	L	S
P	L	A	T	E	A	U	E	N	Y	A	A	A	S
X	D	E	U	L	U	T	A	C	K	V	K	K	I
T	O	O	H	H	C	E	T	G	L	A	D	T	L
E	N	N	K	Ö	G	M	E	U	E	L	M	I	R
Q	Q	I	F	H	C	L	G	W	N	N	J	T	Z

SÄURE
KALZIUM
HÖHLE
KORALLE
KRISTALLE
ZYKLEN
ERDBEBEN
EROSION
FOSSIL
GEYSIR
LAVA
SCHICHT
MINERALIEN
PLATEAU
QUARZ
SALZ
STALAKTIT
STEIN
VULKAN

30 - House

B	F	K	U	F	C	O	R	R	B	G	I	A	G
I	T	V	V	O	R	H	A	N	G	Y	K	Z	A
B	D	A	W	D	J	M	R	E	M	M	I	Z	R
L	F	E	N	S	T	E	R	N	P	W	M	A	T
I	U	H	D	O	G	C	A	N	S	I	N	U	E
O	B	B	S	C	H	L	Ü	S	S	E	L	N	N
T	D	E	O	G	Z	N	F	E	B	H	D	I	T
H	A	M	S	D	A	N	D	S	Z	C	U	M	Ü
E	C	T	B	E	E	R	N	V	W	Ü	S	A	R
K	H	N	X	R	N	N	A	O	A	K	C	K	L
M	Ö	B	E	L	B	M	W	G	L	R	H	P	A
S	P	I	E	G	E	L	F	B	E	T	E	F	M
W	B	T	D	A	C	H	B	O	D	E	N	J	P
P	X	K	P	D	F	P	K	Q	A	H	N	I	E

DACHBODEN
BESEN
VORHANG
TÜR
ZAUN
KAMIN
BODEN
MÖBEL
GARAGE
GARTEN
SCHLÜSSEL
KÜCHE
LAMPE
BIBLIOTHEK
SPIEGEL
DACH
ZIMMER
DUSCHE
WAND
FENSTER

31 - Physics

P	N	E	L	E	K	T	R	O	N	B	Z	A	E
A	U	T	V	S	T	V	G	O	Z	T	E	Z	X
R	K	Q	B	S	L	I	A	K	Q	N	T	A	P
T	L	F	S	A	H	C	S	I	M	E	H	C	A
I	E	K	O	M	N	K	O	S	M	M	C	T	N
K	A	G	L	R	N	P	A	M	O	I	I	Q	S
E	R	Y	E	P	M	W	H	E	T	R	D	T	I
L	B	J	D	F	N	E	C	C	O	E	S	A	O
N	U	L	R	U	F	M	L	H	R	P	P	Y	N
A	T	O	M	P	G	T	E	A	J	X	L	I	P
F	R	E	Q	U	E	N	Z	N	H	E	O	J	J
V	L	Y	T	Ä	T	I	V	I	T	A	L	E	R
T	M	H	B	P	G	L	Ü	K	E	L	O	M	I
M	A	G	N	E	T	I	S	M	U	S	D	Q	A

ATOM
CHAOS
CHEMISCH
DICHTE
ELEKTRON
MOTOR
EXPANSION
EXPERIMENT
FORMEL
FREQUENZ
GAS
MAGNETISMUS
MASSE
MECHANIK
MOLEKÜL
NUKLEAR
PARTIKEL
RELATIVITÄT

32 - Dance

O	Q	F	G	U	R	Y	U	K	H	K	V	R	P
I	K	D	L	T	A	O	X	A	A	U	I	E	R
H	C	S	I	S	S	A	L	K	L	L	S	I	O
E	C	Q	M	U	V	N	R	K	T	T	U	H	B
S	M	W	H	N	S	M	U	H	U	U	E	P	E
U	P	O	A	A	M	U	D	K	N	R	L	A	I
M	O	R	T	J	Q	T	X	N	G	D	L	R	M
H	G	E	I	I	B	E	W	E	G	U	N	G	E
T	I	P	R	N	O	M	U	S	I	K	K	O	D
Y	D	R	M	S	G	N	G	W	Q	F	N	E	A
H	U	Ö	O	B	R	E	N	T	R	A	P	R	K
R	E	K	I	T	G	R	N	X	J	Z	N	O	A
T	R	A	D	I	T	I	O	N	E	L	L	H	F
J	F	K	U	L	T	U	R	E	L	L	U	C	Y

AKADEMIE
KUNST
KÖRPER
CHOREOGRAPHIE
KLASSISCH
KULTURELL
KULTUR
EMOTION
ANMUT
FREUDIG
SPRINGEN
BEWEGUNG
MUSIK
PARTNER
HALTUNG
PROBE
RHYTHMUS
TRADITIONELL
VISUELL

33 - Coffee

L	R	F	M	P	Y	E	G	U	G	K	F	K	W
G	C	G	U	Z	R	A	W	H	C	S	I	C	A
B	I	T	T	E	R	E	U	A	S	R	L	A	S
K	O	F	F	E	I	N	I	Y	X	M	T	M	S
Z	V	B	G	G	O	R	Z	S	C	Y	E	H	E
T	C	Z	H	N	E	K	N	I	R	T	R	C	R
C	A	Y	L	Z	M	T	C	R	E	M	E	S	G
R	G	S	E	F	W	E	R	M	A	H	L	E	N
B	B	Q	S	I	J	X	I	Ä	C	W	A	G	U
R	G	F	R	E	K	C	U	Z	N	B	R	X	R
M	I	L	C	H	V	Q	Z	F	D	K	O	O	P
G	E	R	Ö	S	T	E	T	I	V	D	M	F	S
F	L	Ü	S	S	I	G	K	E	I	T	A	E	R
M	O	R	G	E	N	S	Y	N	Q	U	E	Z	U

SAUER
AROMA
GETRÄNK
BITTER
SCHWARZ
KOFFEIN
CREME
TASSE
FILTER
GESCHMACK

MAHLEN
FLÜSSIGKEIT
MILCH
MORGEN
URSPRUNG
PREIS
GERÖSTET
ZUCKER
TRINKEN
WASSER

34 - Colors

D	F	R	A	A	S	O	R	S	S	T	T	C	Y
B	X	Q	X	Z	R	A	W	H	C	S	N	D	S
B	L	X	H	U	C	U	B	R	A	U	N	F	X
E	Y	A	M	R	Z	Y	A	N	Ü	R	G	Y	Y
I	S	N	U	B	G	W	L	R	U	P	R	U	P
G	I	W	P	L	E	F	A	O	G	I	D	N	I
E	E	O	N	A	G	E	L	B	S	S	I	E	W
N	O	N	M	U	Y	V	O	K	M	E	O	I	A
M	A	G	E	N	T	A	I	W	O	P	H	S	Y
R	E	B	G	S	O	O	T	O	Q	I	N	H	W
N	S	J	N	I	R	H	E	R	L	A	H	C	C
G	N	X	A	G	L	I	L	A	L	E	D	U	P
E	F	Z	R	B	N	Q	K	E	J	J	T	F	Q
K	Z	X	O	Z	G	Q	W	Q	U	I	G	T	Z

AZURBLAU
BEIGE
SCHWARZ
BLAU
BRAUN
PURPUR
ZYAN
FUCHSIE
GRÜN
GRAU

INDIGO
MAGENTA
ORANGE
ROSA
LILA
ROT
SEPIA
VIOLETT
WEISS
GELB

35 - Shapes

W	Q	N	E	G	O	B	Q	L	E	H	R	D	U
B	M	E	H	X	I	R	L	I	L	Y	T	U	F
K	Z	T	O	P	Q	V	B	C	L	P	W	D	W
K	Q	N	O	G	Y	L	O	P	I	E	K	C	E
J	F	A	L	E	F	R	Ü	W	P	R	C	O	Q
U	M	K	R	S	X	D	A	O	S	B	E	D	G
Z	Y	L	I	N	D	E	R	M	E	E	T	X	I
P	R	I	S	M	A	I	O	G	I	L	H	F	W
N	L	E	G	E	K	N	K	V	T	D	C	F	N
S	E	I	T	E	N	I	N	R	A	F	E	B	B
C	G	G	D	V	Q	L	J	D	E	L	R	M	F
Q	U	A	D	R	A	T	K	S	R	I	Y	F	U
Y	K	Y	G	U	F	J	U	P	H	J	S	X	Q
E	Q	I	R	K	C	E	I	E	R	D	L	C	T

BOGEN
KREIS
KEGEL
ECKE
WÜRFEL
KURVE
ZYLINDER
KANTEN
ELLIPSE
HYPERBEL
LINIE
OVAL
POLYGON
PRISMA
PYRAMIDE
RECHTECK
SEITE
KUGEL
QUADRAT
DREIECK

36 - Scientific Disciplines

A	N	A	T	O	M	I	E	R	Q	G	C	P	V
M	I	N	E	R	A	L	O	G	I	E	H	S	Z
E	I	G	O	L	O	I	Z	O	S	E	E	Y	Y
I	J	M	A	H	K	E	C	I	T	E	M	C	Ö
G	E	O	L	O	G	I	E	E	E	I	I	H	K
O	I	M	Z	B	G	G	N	W	U	G	E	O	O
L	M	E	O	I	G	O	A	A	Z	O	M	L	L
O	O	C	O	O	J	L	Z	U	T	L	H	O	O
Ä	N	H	L	L	R	O	C	P	A	O	T	G	G
H	O	A	O	O	E	N	X	K	X	R	B	I	I
C	R	N	G	G	G	U	W	W	C	U	Q	E	E
R	T	I	I	I	M	M	E	I	V	E	E	E	D
A	S	K	E	E	P	M	A	L	D	N	U	B	N
T	A	K	I	T	S	I	U	G	N	I	L	D	O

ANATOMIE
ARCHÄOLOGIE
ASTRONOMIE
BIOLOGIE
BOTANIK
CHEMIE
ÖKOLOGIE
GEOLOGIE

IMMUNOLOGIE
LINGUISTIK
MECHANIK
MINERALOGIE
NEUROLOGIE
PSYCHOLOGIE
SOZIOLOGIE
ZOOLOGIE

37 - Beauty

P	D	N	E	G	O	T	O	F	H	A	L	V	L
A	R	Z	L	B	B	W	S	S	G	A	G	X	I
N	C	O	Ö	M	R	Y	N	G	A	N	U	A	P
M	H	E	D	S	H	A	M	P	O	O	D	T	P
U	A	L	S	U	R	Q	F	W	G	P	W	N	E
T	R	E	T	E	K	J	G	D	R	N	Y	A	N
T	M	G	Y	H	I	T	N	S	R	C	K	G	S
A	E	A	L	E	T	N	E	D	U	F	T	E	T
L	R	N	I	T	E	G	K	B	P	O	F	L	I
G	E	Z	S	F	M	G	C	C	J	X	Y	E	F
B	H	Q	T	Z	S	D	O	M	V	X	H	G	T
Y	C	M	X	X	O	K	L	E	G	E	I	P	S
Y	S	L	N	J	K	I	Q	F	H	U	I	V	R
W	I	M	P	E	R	N	T	U	S	C	H	E	F

CHARME
FARBE
KOSMETIK
LOCKEN
ELEGANZ
ELEGANT
DUFT
ANMUT
LIPPENSTIFT
WIMPERNTUSCHE
SPIEGEL
ÖLE
FOTOGEN
PRODUKTE
SCHERE
SHAMPOO
HAUT
GLATT
STYLIST

38 - To Fill

K	U	T	I	J	P	A	Z	F	C	C	W	M	E
O	S	M	A	K	R	H	P	J	I	C	A	U	I
R	F	C	S	S	A	F	K	D	L	M	N	O	J
B	R	S	H	C	C	H	U	B	M	K	N	D	I
C	V	V	X	U	H	H	T	Q	R	O	E	M	K
N	E	K	C	E	B	L	E	H	Z	F	Y	E	V
U	X	U	J	O	R	L	A	D	G	F	E	P	K
F	L	A	S	C	H	E	A	G	T	E	K	A	P
K	O	U	G	X	O	B	U	D	T	R	L	H	K
R	H	J	B	O	R	E	M	I	E	S	A	V	A
U	K	S	Y	P	O	P	V	Z	L	J	S	F	R
G	J	U	Z	N	A	P	W	Q	B	Y	D	Q	T
S	C	H	I	F	F	A	B	B	A	X	I	Z	O
R	S	X	H	Z	Q	M	L	E	T	S	I	K	N

FASS
BECKEN
KORB
FLASCHE
BOX
EIMER
KARTON
KISTE
SCHUBLADE
UMSCHLAG
MAPPE
KRUG
PAKET
TASCHE
KOFFER
TABLETT
WANNE
ROHR
VASE
SCHIFF

39 - Clothes

S	V	E	R	M	S	M	R	P	R	J	K	S	S
C	Y	D	D	Z	O	A	X	U	U	A	O	C	C
H	X	G	M	L	D	D	N	X	J	C	E	H	H
Ü	G	J	E	A	N	S	E	D	V	K	B	M	U
R	S	P	H	H	A	X	E	I	A	E	B	U	H
Z	B	Q	N	C	B	R	H	E	C	L	L	C	P
E	H	L	J	S	M	V	U	L	W	E	E	K	U
N	F	B	U	P	R	E	H	K	E	T	T	N	L
H	O	S	E	S	A	Z	C	C	F	R	N	K	L
T	V	P	Q	Y	E	N	S	O	E	Ü	A	K	O
L	I	N	Q	S	F	Q	D	R	L	G	M	O	V
S	C	H	L	A	F	A	N	Z	U	G	R	D	E
H	U	T	E	O	W	T	A	E	J	C	K	L	R
S	G	Q	Q	N	D	O	H	I	S	J	K	A	A

SCHÜRZE
GÜRTEL
BLUSE
ARMBAND
MANTEL
KLEID
MODE
HANDSCHUHE
HUT
JACKE
JEANS
SCHMUCK
SCHLAFANZUG
HOSE
SANDALEN
SCHAL
HEMD
SCHUH
ROCK
PULLOVER

40 - Astronomy

G	F	H	V	M	S	A	T	E	L	L	I	T	P
A	I	U	I	R	O	T	A	E	A	H	U	B	Y
L	N	R	E	M	G	N	U	L	H	A	R	T	S
A	S	Q	A	X	M	R	D	E	Q	Y	A	U	E
X	T	L	S	R	A	E	V	B	K	K	L	A	T
I	E	K	T	K	L	S	L	E	W	I	O	N	M
E	R	O	E	T	E	M	T	N	M	A	S	O	M
Q	N	O	R	E	E	X	C	R	Q	K	W	R	K
G	I	N	O	N	F	H	L	Y	O	K	X	T	K
C	S	L	I	A	E	F	H	I	O	N	Z	S	O
Q	Y	G	D	L	D	R	X	E	O	D	O	A	S
E	C	Q	G	P	R	A	K	E	T	E	K	M	M
K	O	N	S	T	E	L	L	A	T	I	O	N	O
O	B	S	E	R	V	A	T	O	R	I	U	M	S

ASTEROID
ASTRONAUT
ASTRONOM
KONSTELLATION
KOSMOS
ERDE
FINSTERNIS
GALAXIE
METEOR
MOND
NEBEL
OBSERVATORIUM
PLANET
STRAHLUNG
RAKETE
SATELLIT
HIMMEL
SOLAR

41 - Health and Wellness #2

A	S	U	A	H	N	E	K	N	A	R	K	E	S
U	S	Y	T	K	I	N	N	D	P	P	O	E	I
S	E	O	I	O	N	E	Y	F	P	M	P	T	L
T	R	U	C	P	E	I	G	R	E	L	L	A	L
R	T	B	I	O	F	G	M	F	T	D	I	Ä	T
O	S	Q	L	C	E	Y	B	A	I	F	Y	E	I
C	Y	S	L	U	V	H	C	E	T	E	R	R	E
K	F	K	U	E	T	X	Y	I	G	I	E	N	H
N	M	A	S	S	A	G	E	G	E	R	V	Ä	K
U	G	E	W	I	C	H	T	R	N	O	O	H	N
N	A	N	A	T	O	M	I	E	E	L	C	R	A
G	G	O	Y	P	L	T	Z	N	T	A	E	U	R
G	E	S	U	N	D	Y	Q	E	I	K	R	N	K
I	N	F	E	K	T	I	O	N	K	R	J	G	Z

ALLERGIE
ANATOMIE
APPETIT
BLUT
KALORIE
AUSTROCKNUNG
DIÄT
KRANKHEIT
ENERGIE
GENETIK
GESUND
KRANKENHAUS
HYGIENE
INFEKTION
MASSAGE
ERNÄHRUNG
RECOVERY
STRESS
VITAMIN
GEWICHT

42 - Time

L	E	L	M	H	N	Z	K	R	J	K	J	J	P
C	S	D	I	J	E	H	C	O	W	A	A	Ä	P
R	H	R	T	A	G	U	F	N	I	L	H	H	V
S	C	Z	T	H	R	N	T	C	E	E	R	R	B
N	P	T	A	R	O	E	V	E	F	N	H	L	P
Y	C	H	G	Z	M	K	U	I	T	D	U	I	Y
N	T	Z	T	E	J	W	H	L	Q	E	N	C	M
U	A	O	Z	H	D	Z	R	Y	Q	R	D	H	I
F	N	C	P	N	S	N	J	A	H	R	E	W	N
R	O	V	H	T	F	N	U	K	U	Z	R	B	U
Ü	M	O	O	T	B	P	V	T	I	N	T	A	T
H	Y	R	M	I	O	V	T	W	S	R	F	L	E
A	L	E	B	J	V	K	A	M	F	H	E	D	D
D	A	Z	G	N	J	J	G	Z	N	R	S	K	L

JÄHRLICH
VOR
KALENDER
JAHRHUNDERT
UHR
TAG
JAHRZEHNT
FRÜH
ZUKUNFT
STUNDE

MINUTE
MONAT
MORGEN
NACHT
MITTAG
JETZT
BALD
HEUTE
WOCHE
JAHR

43 - Buildings

Q	M	J	A	S	S	Z	R	C	V	M	O	B	O
F	Q	H	Q	P	U	Z	J	U	Y	U	J	C	W
H	O	T	E	L	A	P	C	E	N	S	W	M	R
O	W	F	D	C	O	R	E	T	A	E	H	T	Q
S	C	H	E	U	N	E	T	R	X	U	U	L	N
N	Q	C	L	J	I	G	H	M	M	M	D	E	G
U	N	F	U	U	K	S	E	C	E	A	B	Z	T
S	U	K	H	W	Z	T	R	C	N	N	R	K	Z
N	C	S	C	C	D	A	B	R	I	S	T	K	W
Y	J	H	S	H	A	D	E	O	B	B	Z	K	T
R	S	W	L	Q	K	I	R	B	A	F	F	K	J
F	A	F	S	O	P	O	G	A	K	W	S	M	S
E	L	D	O	Y	S	N	E	L	T	U	R	M	A
N	T	F	A	H	C	S	T	O	B	Q	I	W	Y

APARTMENT
SCHEUNE
KABINE
SCHLOSS
KINO
BOTSCHAFT
FABRIK
HERBERGE
HOTEL
LABOR
MUSEUM
SCHULE
STADION
SUPERMARKT
ZELT
THEATER
TURM

44 - Herbalism

M	H	C	U	A	L	B	O	N	K	N	S	D	G
M	I	N	Z	E	H	L	A	E	Z	A	W	J	A
D	L	Q	A	B	Q	U	Z	U	N	R	O	J	R
D	G	J	V	V	E	M	O	U	K	O	A	Z	T
F	L	L	N	V	O	E	C	Z	T	J	A	A	E
F	E	N	C	H	E	L	B	G	S	A	J	O	N
O	R	E	G	A	N	O	R	G	J	M	T	L	K
E	L	E	N	U	S	A	F	R	A	N	P	A	S
E	E	L	M	R	P	F	L	A	N	Z	E	V	Z
R	O	S	M	A	R	I	N	Z	G	Y	I	E	G
A	G	E	S	C	H	M	A	C	K	S	J	N	R
K	U	L	I	N	A	R	I	S	C	H	M	D	Ü
P	E	T	E	R	S	I	L	I	E	B	V	E	N
N	R	B	A	S	I	L	I	K	U	M	A	L	N

BASILIKUM
KULINARISCH
FENCHEL
GESCHMACK
BLUME
GARTEN
KNOBLAUCH
GRÜN
ZUTAT
LAVENDEL
MAJORAN
MINZE
OREGANO
PETERSILIE
PFLANZE
ROSMARIN
SAFRAN

45 - Vehicles

T	R	T	O	O	B	B	I	C	Z	Z	G	X	E
D	P	O	A	I	R	J	A	A	H	B	B	O	H
C	J	O	G	X	Z	H	Z	I	F	C	U	A	Y
Y	W	B	L	I	I	G	U	E	Z	G	U	L	F
R	G	U	Z	W	O	H	N	W	A	G	E	N	Ä
O	K	O	U	R	O	L	L	E	R	W	E	E	H
T	H	U	B	S	C	H	R	A	U	B	E	R	R
K	R	A	N	K	E	N	W	A	G	E	N	J	E
A	R	P	G	Q	F	A	U	T	O	I	L	A	G
R	E	I	F	E	N	L	F	A	H	R	R	A	D
T	O	R	W	W	H	E	O	M	Y	W	J	W	Q
C	E	T	E	K	A	R	K	S	U	B	C	I	M
V	O	K	O	L	B	R	X	U	S	P	C	W	M
B	Q	F	I	M	U	P	E	A	P	C	C	L	C

FLUGZEUG
KRANKENWAGEN
FAHRRAD
BOOT
BUS
AUTO
WOHNWAGEN
FÄHRE
HUBSCHRAUBER
MOTOR
FLOSS
RAKETE
ROLLER
U-BOOT
U-BAHN
TAXI
REIFEN
TRAKTOR
ZUG
LKW

46 - Flowers

S	F	U	J	G	L	Ö	W	E	N	Z	A	H	N
A	T	K	X	R	A	H	I	B	I	S	K	U	S
Y	R	R	E	S	O	R	T	S	G	N	I	F	P
L	E	I	A	L	I	L	D	P	O	H	S	L	B
A	Y	F	Z	U	T	X	L	E	S	O	R	A	L
I	K	L	E	E	S	I	O	J	N	M	U	V	Ü
R	K	R	X	U	L	S	U	N	C	I	E	E	T
E	M	U	L	B	N	E	N	N	O	S	E	N	E
M	Z	G	B	I	K	S	T	I	T	X	B	D	N
U	F	L	E	K	L	F	S	M	U	G	V	E	B
L	X	X	D	B	K	I	W	S	L	T	A	L	L
P	E	Q	E	U	G	X	E	A	P	Q	T	Y	A
M	A	G	N	O	L	I	E	J	E	F	T	P	T
P	A	S	S	I	O	N	S	B	L	U	M	E	T

STRAUSS
KLEE
LÖWENZAHN
GARDENIE
HIBISKUS
JASMIN
LAVENDEL
LILA
LILIE
MAGNOLIE
PASSIONSBLUME
PFINGSTROSE
BLÜTENBLATT
PLUMERIA
MOHN
ROSE
SONNENBLUME
TULPE

47 - Health and Wellness #1

R	H	B	M	N	E	H	C	O	N	K	S	E	A
E	T	O	E	I	E	A	L	F	E	I	I	N	K
F	M	L	R	H	X	R	A	R	Z	T	L	T	T
L	U	N	C	M	A	E	V	D	I	M	H	S	I
E	S	H	X	T	O	N	Z	E	B	C	U	P	V
X	K	H	A	U	T	N	D	J	N	E	N	A	H
I	E	A	T	M	E	N	E	L	A	K	G	N	Ö
I	L	Q	B	B	N	F	N	G	U	M	E	N	H
G	E	W	O	H	N	H	E	I	T	N	R	U	E
B	A	K	T	E	R	I	E	N	J	T	G	N	X
K	L	I	N	I	K	U	V	I	R	U	S	G	O
T	H	E	R	A	P	I	E	P	V	S	S	P	M
I	L	P	Q	F	R	A	K	T	U	R	L	I	M
P	X	A	P	O	T	H	E	K	E	V	T	W	E

AKTIV
BAKTERIEN
KNOCHEN
KLINIK
ARZT
FRAKTUR
GEWOHNHEIT
HÖHE
HORMONE
HUNGER
MUSKEL
NERVEN
APOTHEKE
REFLEX
ENTSPANNUNG
HAUT
THERAPIE
ATMEN
BEHANDLUNG
VIRUS

48 - Town

R	Q	K	E	N	N	L	E	T	O	H	B	E	T
X	C	M	P	C	Z	K	K	I	N	I	L	K	H
I	G	G	H	S	M	P	L	I	I	E	U	E	E
Y	N	B	Y	V	N	Y	O	D	K	R	M	H	A
S	U	P	E	R	M	A	R	K	T	E	E	T	T
E	L	U	H	C	S	M	J	P	D	K	N	O	E
I	D	P	B	H	B	D	A	E	N	C	H	P	R
R	N	M	U	S	E	U	M	R	D	Ä	Ä	A	B
E	A	S	T	A	D	I	O	N	K	B	N	G	A
L	H	G	E	S	C	H	Ä	F	T	T	D	M	N
A	H	U	L	N	E	F	A	H	G	U	L	F	K
G	C	N	H	K	J	D	E	G	R	T	E	C	D
L	U	V	T	P	Q	G	Z	O	O	G	R	R	Z
A	B	B	I	B	L	I	O	T	H	E	K	R	T

FLUGHAFEN
BÄCKEREI
BANK
BUCHHANDLUNG
KINO
KLINIK
BLUMENHÄNDLER
GALERIE
HOTEL
BIBLIOTHEK
MARKT
MUSEUM
APOTHEKE
SCHULE
STADION
GESCHÄFT
SUPERMARKT
THEATER
ZOO

49 - Antarctica

G	S	W	O	L	K	E	N	P	G	S	U	R	C
M	A	I	N	S	E	L	N	T	L	F	M	W	M
W	P	M	E	M	Z	G	U	B	E	E	W	P	S
E	T	I	I	W	F	Z	Ö	L	T	L	E	I	G
X	O	G	L	S	X	G	V	V	S	S	L	N	E
P	P	R	A	K	H	B	B	Z	C	I	T	G	O
E	O	A	R	O	A	A	Q	V	H	G	A	U	G
D	G	T	E	N	D	S	L	R	E	T	E	I	R
I	R	I	N	T	H	C	U	B	R	Q	Y	N	A
T	A	O	I	I	R	F	G	S	I	G	D	E	P
I	P	N	M	N	I	Z	C	K	L	N	R	T	H
O	H	M	R	E	H	C	S	R	O	F	S	G	I
N	I	I	G	N	U	T	L	A	H	R	E	E	E
W	E	R	U	T	A	R	E	P	M	E	T	Z	L

BUCHT
VÖGEL
WOLKEN
ERHALTUNG
KONTINENT
UMWELT
EXPEDITION
GEOGRAPHIE
GLETSCHER
EIS
INSELN
MIGRATION
MINERALIEN
PINGUINE
HALBINSEL
FORSCHER
FELSIG
TEMPERATUR
TOPOGRAPHIE

50 - Ballet

I	N	T	E	N	S	I	T	Ä	T	V	A	U	F
L	L	O	V	S	K	C	U	R	D	S	U	A	A
M	U	S	I	K	U	B	U	R	E	Y	I	D	A
F	U	Q	N	M	P	R	O	B	E	Z	A	Y	N
Ä	K	K	R	H	Y	T	H	M	U	S	N	M	M
H	O	A	I	O	B	E	L	O	X	P	I	Ä	U
I	M	P	G	L	R	Y	Z	M	K	R	R	T	T
G	P	P	E	I	B	C	M	N	L	A	E	E	I
K	O	L	S	T	U	U	H	T	E	X	L	C	G
E	N	A	T	S	W	B	P	E	K	I	L	H	D
I	I	U	E	V	N	W	A	R	S	S	A	N	I
T	S	S	A	T	B	O	Q	D	U	T	B	I	V
S	T	Z	S	S	I	N	G	G	M	Z	E	K	M
K	Ü	N	S	T	L	E	R	I	S	C	H	R	T

APPLAUS
KÜNSTLERISCH
PUBLIKUM
BALLERINA
KOMPONIST
TÄNZER
AUSDRUCKSVOLL
GESTE
ANMUTIG
INTENSITÄT
MUSKEL
MUSIK
ORCHESTER
PRAXIS
PROBE
RHYTHMUS
FÄHIGKEIT
STIL
TECHNIK

51 - Fashion

M	B	H	I	Z	Y	K	W	X	S	B	U	E	O
B	Q	Z	N	F	F	O	T	S	T	U	K	R	R
D	S	O	R	Z	Z	M	H	Y	I	O	L	S	I
K	E	C	V	P	Z	F	X	M	C	L	E	C	G
S	P	I	T	Z	E	O	B	T	K	B	I	H	I
M	R	R	U	T	U	R	L	N	E	Y	D	W	N
M	U	H	C	S	I	T	K	A	R	P	U	I	A
O	T	S	B	H	C	A	T	G	E	L	N	N	L
D	X	V	T	H	B	B	E	E	I	S	G	G	T
E	E	I	N	E	I	E	M	L	U	K	U	L	R
R	T	J	I	T	R	L	Q	E	W	E	U	I	E
N	E	T	S	A	T	I	S	Z	D	L	R	C	N
Z	S	E	U	Q	I	T	U	O	B	O	I	H	D
I	L	X	X	E	S	S	E	I	N	F	A	C	H

ERSCHWINGLICH
BOUTIQUE
TASTEN
KLEIDUNG
KOMFORTABEL
ELEGANT
STICKEREI
TEUER
STOFF
SPITZE
MODERN
ORIGINAL
MUSTER
PRAKTISCH
EINFACH
STIL
TEXTUR
TREND

52 - Human Body

H	G	G	O	E	X	G	C	T	K	B	L	U	T
A	R	K	E	G	S	U	R	C	N	B	D	R	C
L	U	I	B	S	G	Z	F	P	O	K	U	R	H
S	D	N	U	M	I	N	U	Y	C	U	P	L	A
H	H	N	Z	X	T	C	W	S	H	Y	K	P	N
A	R	E	G	N	I	F	H	E	E	I	N	K	D
U	H	G	D	A	R	D	Z	T	N	B	S	X	C
T	O	O	U	G	E	H	I	R	N	M	K	B	H
A	U	B	L	H	T	J	D	E	E	W	N	E	A
T	N	L	E	U	L	B	Y	F	D	H	Ö	I	M
N	D	L	G	R	U	V	W	E	Z	X	C	N	V
K	A	E	N	D	H	J	F	I	E	Z	H	N	N
U	O	S	T	J	C	C	M	K	A	F	E	Y	Y
Q	Q	I	E	M	S	B	T	Z	V	J	L	I	T

KNÖCHEL
BLUT
KNOCHEN
GEHIRN
KINN
OHR
ELLBOGEN
GESICHT
FINGER
HAND
KOPF
HERZ
KIEFER
KNIE
BEIN
MUND
HALS
NASE
SCHULTER
HAUT

53 - Musical Instruments

M	O	L	L	E	C	P	G	C	G	T	Q	V	Q
Y	G	L	E	M	M	O	R	T	Q	R	K	X	S
K	L	A	V	I	E	R	K	P	B	O	F	C	S
M	C	N	O	H	P	O	X	A	S	M	X	G	C
K	A	E	M	A	Y	S	M	M	M	P	H	I	H
L	F	N	Y	G	O	D	N	L	H	E	A	T	L
A	L	U	D	A	N	W	G	E	L	T	R	A	A
R	Ö	A	F	O	C	G	O	G	K	E	F	R	G
I	T	S	A	J	L	W	N	I	P	C	E	R	Z
N	E	O	G	N	V	I	G	E	N	X	O	E	E
E	H	P	O	A	A	J	N	G	K	Q	B	L	U
T	S	S	T	B	I	N	X	E	H	A	O	P	G
T	E	Y	T	T	A	M	B	U	R	I	N	T	W
E	M	U	Z	H	M	A	R	I	M	B	A	E	Z

BANJO
FAGOTT
CELLO
GLOCKENSPIEL
KLARINETTE
TROMMEL
FLÖTE
GONG
GITARRE
HARFE
MANDOLINE
MARIMBA
OBOE
SCHLAGZEUG
KLAVIER
SAXOPHON
TAMBURIN
POSAUNE
TROMPETE
GEIGE

54 - Fruit

M	B	L	N	C	N	P	M	T	U	S	B	Z	B
T	E	I	D	F	S	A	N	A	N	A	A	I	E
P	B	L	R	K	O	P	A	H	N	S	N	T	E
F	U	P	O	N	Y	A	Y	V	Q	E	A	R	R
I	A	Z	E	N	E	Y	S	M	O	H	N	O	E
R	R	Y	I	H	E	A	A	A	H	C	E	N	E
S	T	F	E	I	G	E	P	N	C	S	A	E	E
I	C	V	E	G	O	G	F	G	L	R	R	D	G
C	C	Z	F	M	G	Q	E	O	O	I	B	Q	O
H	U	I	E	B	F	W	L	P	I	K	H	P	C
G	U	A	V	E	K	O	K	O	S	N	U	S	S
L	E	I	E	A	P	R	I	K	O	S	E	H	R
H	U	V	I	Y	K	J	K	I	W	I	L	W	U
N	E	K	T	A	R	I	N	E	O	V	P	Y	U

APFEL
APRIKOSE
AVOCADO
BANANE
BEERE
KIRSCHE
KOKOSNUSS
FEIGE
TRAUBE
GUAVE
KIWI
ZITRONE
MANGO
MELONE
NEKTARINE
PAPAYA
PFIRSICH
BIRNE
ANANAS

55 - Engineering

X	G	V	B	V	S	U	Y	D	I	E	S	E	L
T	X	N	K	S	T	E	N	E	R	G	I	E	S
Z	B	P	U	C	A	M	E	S	S	U	N	G	U
H	E	B	E	L	B	G	E	T	R	I	E	B	E
S	S	M	T	Y	I	P	J	Q	A	A	T	D	B
T	H	O	L	Z	L	E	K	N	I	W	I	I	E
Ä	C	T	B	E	I	R	T	N	A	T	E	A	R
R	A	O	R	U	T	K	U	R	T	S	F	G	E
K	S	R	R	H	Ä	K	V	I	E	R	E	R	C
E	J	J	J	N	T	L	A	V	V	V	Q	A	H
D	U	R	C	H	M	E	S	S	E	R	T	M	N
F	L	Ü	S	S	I	G	K	E	I	T	S	M	U
M	A	S	C	H	I	N	E	R	Q	E	R	Z	N
K	O	N	S	T	R	U	K	T	I	O	N	Z	G

WINKEL
ACHSE
BERECHNUNG
KONSTRUKTION
TIEFE
DIAGRAMM
DURCHMESSER
DIESEL
VERTEILUNG
ENERGIE
GETRIEBE
HEBEL
FLÜSSIGKEIT
MASCHINE
MESSUNG
MOTOR
ANTRIEB
STABILITÄT
STÄRKE
STRUKTUR

56 - Government

N	D	I	S	K	U	S	S	I	O	N	S	F	G
H	A	U	J	F	K	R	I	Z	E	B	Y	R	E
U	N	T	D	I	S	S	E	N	S	P	M	I	R
G	R	T	I	E	H	I	E	R	F	V	B	E	E
R	E	D	E	O	K	D	L	A	H	O	O	D	C
I	Z	F	K	G	N	E	Z	F	B	Ü	L	L	H
G	L	E	I	C	H	H	E	I	T	N	F	I	T
J	U	S	T	I	Z	I	E	L	L	A	S	C	I
J	T	L	I	Q	T	H	K	I	A	T	T	H	G
V	Z	Z	L	U	E	J	W	V	M	I	A	K	K
W	R	N	O	Q	S	M	O	I	K	O	A	Y	E
R	J	Z	P	X	E	J	X	Z	N	N	T	O	I
T	S	T	K	F	G	B	J	Q	E	A	W	K	T
E	I	T	A	R	K	O	M	E	D	L	G	U	P

ZIVIL
DEMOKRATIE
DISKUSSION
DISSENS
BEZIRK
GLEICHHEIT
JUSTIZIELL
GERECHTIGKEIT
GESETZ
FÜHRER
FREIHEIT
DENKMAL
NATION
NATIONAL
FRIEDLICH
POLITIK
REDE
STAAT
SYMBOL

57 - Art Supplies

F	H	O	C	S	T	E	J	N	D	N	F	T	Q
B	A	O	W	M	I	L	Ö	L	E	I	M	O	Q
U	S	R	F	P	N	H	D	T	L	E	D	N	S
N	T	K	B	E	T	O	R	C	L	V	D	F	T
T	A	R	B	E	E	K	A	M	E	R	A	I	U
S	F	E	Ü	Q	N	Z	N	C	B	J	Q	W	H
T	F	A	R	M	G	L	X	X	A	K	X	A	L
I	E	T	S	P	L	O	Y	D	T	S	E	S	P
F	L	I	T	A	H	H	Q	R	G	B	T	S	B
T	E	V	E	P	S	X	U	A	C	A	A	E	I
E	I	I	N	I	E	S	Y	O	H	A	C	R	P
U	X	T	N	E	T	F	I	T	S	I	E	L	B
U	U	Ä	S	R	F	V	T	N	L	K	S	E	B
O	J	T	R	A	D	I	E	R	G	U	M	M	I

ACRYL
BÜRSTEN
KAMERA
STUHL
HOLZKOHLE
TON
FARBEN
BUNTSTIFTE
KREATIVITÄT
STAFFELEI
RADIERGUMMI
LEIM
IDEEN
TINTE
ÖL
PAPIER
BLEISTIFTE
TABELLE
WASSER

58 - Science Fiction

D	G	R	B	Ü	C	H	E	R	P	T	L	E	W
V	Y	A	O	N	I	K	E	Y	C	E	F	M	T
H	H	S	L	B	K	D	T	I	C	C	C	F	X
C	N	R	T	A	O	G	X	I	H	H	N	G	Q
S	O	I	N	O	X	T	O	T	E	N	A	L	P
I	I	X	W	L	P	I	E	Y	M	O	O	K	T
T	S	N	G	U	H	I	E	R	I	L	K	C	J
S	O	B	G	I	E	E	E	G	K	O	L	F	B
I	L	L	U	S	I	O	N	D	A	G	X	B	I
R	P	S	Q	Q	P	Y	V	P	L	I	S	D	Y
U	X	C	I	M	O	T	A	R	I	E	O	D	O
T	E	M	E	R	T	X	E	L	E	K	A	R	O
U	H	Q	J	J	U	M	C	E	N	I	K	G	Y
F	E	U	E	R	I	M	A	G	I	N	Ä	R	C

ATOMIC
BÜCHER
CHEMIKALIEN
KINO
DYSTOPIE
EXPLOSION
EXTREM
FEUER
FUTURISTISCH
GALAXIE
ILLUSION
IMAGINÄR
ORAKEL
PLANET
ROBOTER
TECHNOLOGIE
UTOPIE
WELT

59 - Geometry

Q	L	D	S	P	A	R	A	L	L	E	L	I	F
A	A	R	E	K	E	M	L	E	K	N	I	W	Q
S	T	E	G	I	K	R	E	I	S	O	A	L	S
D	N	I	M	G	R	F	H	V	Y	I	I	I	Y
U	O	E	E	O	S	O	F	M	A	S	S	E	M
R	Z	C	N	L	B	J	E	P	X	N	X	T	M
C	I	K	T	A	N	E	V	H	B	E	N	N	E
H	R	C	S	J	H	N	R	R	T	M	M	A	T
M	O	U	Q	W	Y	L	U	F	M	I	Y	C	R
E	H	Ö	H	E	O	L	K	G	L	D	N	Z	I
S	G	L	E	I	C	H	U	N	G	Ä	G	T	E
S	B	E	R	E	C	H	N	U	N	G	C	D	A
E	U	N	U	M	M	E	R	D	D	Y	G	H	B
R	C	H	M	E	D	I	A	N	G	O	B	J	E

WINKEL
BERECHNUNG
KREIS
KURVE
DURCHMESSER
DIMENSION
GLEICHUNG
HÖHE
HORIZONTAL
LOGIK
MASSE
MEDIAN
NUMMER
PARALLEL
ANTEIL
SEGMENT
OBERFLÄCHE
SYMMETRIE
THEORIE
DREIECK

60 - Creativity

F	V	N	D	H	M	I	G	V	G	F	G	P	O
L	S	B	I	L	D	D	H	E	F	I	Z	D	H
Ü	E	P	M	A	P	A	Y	I	F	Q	E	P	G
S	I	W	O	C	T	D	A	S	V	Ü	L	V	O
S	N	J	R	N	G	Q	S	A	R	K	H	F	J
I	D	Y	X	X	T	C	R	T	U	L	H	L	N
G	R	W	G	I	F	A	N	N	B	A	H	J	E
K	U	F	J	S	H	P	N	A	L	R	O	O	N
E	C	I	H	S	L	M	N	H	M	H	Z	B	O
I	K	I	T	K	O	G	I	P	N	E	E	D	I
T	I	N	T	U	I	T	I	O	N	I	M	S	S
F	Ä	H	I	G	K	E	I	T	Z	T	Q	S	I
A	U	T	H	E	N	T	I	Z	I	T	Ä	T	V
S	E	N	S	A	T	I	O	N	K	D	F	W	I

AUTHENTIZITÄT
KLARHEIT
GEFÜHLE
FLÜSSIGKEIT
IDEEN
BILD
PHANTASIE
EINDRUCK
INTUITION
SENSATION
FÄHIGKEIT
SPONTAN
VISIONEN

61 - Airplanes

X	W	E	R	C	G	P	B	B	F	P	G	K	N
B	U	A	T	O	I	I	A	U	X	R	E	O	D
A	R	C	S	B	K	L	L	U	A	O	S	N	M
G	O	E	M	S	T	O	L	L	M	P	C	S	M
N	J	W	N	O	E	T	O	N	I	E	H	T	O
U	N	B	N	N	T	R	N	F	N	L	I	R	P
T	G	X	N	E	S	O	S	H	U	L	C	U	A
H	I	M	M	E	L	T	R	T	O	E	H	K	S
C	S	H	Ö	H	E	M	O	Q	O	R	T	T	S
I	E	L	U	F	T	W	G	F	U	F	E	I	A
R	D	A	B	S	T	I	E	G	F	A	F	O	G
L	A	N	D	U	N	G	R	F	C	T	C	N	I
R	R	B	A	B	E	N	T	E	U	E	R	F	E
A	T	M	O	S	P	H	Ä	R	E	F	N	T	R

ABENTEUER
LUFT
ATMOSPHÄRE
BALLON
KONSTRUKTION
CREW
ABSTIEG
DESIGN
RICHTUNG
MOTOR
BRENNSTOFF
HÖHE
GESCHICHTE
WASSERSTOFF
LANDUNG
PASSAGIER
PILOT
PROPELLER
HIMMEL

62 - Ocean

J	S	R	Z	H	H	A	I	C	R	S	B	H	D
I	C	K	M	N	Z	L	A	S	G	U	Z	M	C
E	H	A	R	N	N	G	N	A	T	E	E	S	D
M	I	L	S	A	N	E	T	I	E	Z	E	G	S
M	L	A	A	Q	K	N	I	F	L	E	D	V	C
F	D	A	E	A	Q	E	W	H	L	L	S	J	H
X	K	F	T	W	U	N	G	G	A	E	L	K	W
W	R	I	A	H	A	R	V	S	R	N	Y	R	A
R	Ö	S	S	N	L	I	R	Z	O	R	B	A	M
V	T	C	T	Q	L	F	E	W	K	A	L	B	M
U	E	H	M	H	E	F	S	J	A	G	D	B	R
T	H	U	N	F	I	S	C	H	D	L	C	E	U
A	U	S	T	E	R	U	H	Y	U	N	T	D	T
D	Y	Y	I	R	Z	Q	P	R	O	O	O	K	S

ALGEN
KORALLE
KRABBE
DELFIN
AAL
FISCH
QUALLE
KRAKE
AUSTER
RIFF
SALZ
SEETANG
HAI
GARNELE
SCHWAMM
STURM
GEZEITEN
THUNFISCH
SCHILDKRÖTE
WAL

63 - Birds

R	P	I	N	G	U	I	N	A	C	U	O	T	O
E	E	T	N	E	H	Ä	R	K	T	F	Z	P	S
L	W	I	M	U	J	T	Z	O	D	F	W	J	K
D	Ö	Q	H	C	W	V	Z	V	O	G	L	K	X
A	M	S	J	E	H	O	X	P	M	I	B	G	W
C	F	S	P	F	R	F	L	A	M	I	N	G	O
J	S	T	N	A	W	H	C	S	L	D	Z	F	P
I	O	O	H	Q	T	K	U	C	K	U	C	K	E
I	K	R	U	G	V	Z	R	T	X	N	E	K	L
P	D	C	H	U	N	W	V	U	R	M	I	R	I
D	F	H	Y	E	P	W	N	F	G	W	U	B	K
Y	D	A	P	A	P	A	G	E	I	X	Z	J	A
L	S	S	U	A	R	T	S	N	A	G	E	O	N
K	A	N	A	R	I	E	N	V	O	G	E	L	T

KANARIENVOGEL
HUHN
KRÄHE
KUCKUCK
ENTE
ADLER
EI
FLAMINGO
GANS
MÖWE
REIHER
STRAUSS
PAPAGEI
PFAU
PELIKAN
PINGUIN
SPATZ
STORCH
SCHWAN
TOUCAN

64 - Nutrition

B	G	U	P	R	T	F	I	V	A	G	Q	G	Q
I	R	P	R	O	F	U	R	C	P	X	K	E	U
T	S	F	O	T	F	K	V	B	P	D	A	S	A
T	A	U	T	C	O	D	G	J	E	G	L	U	L
E	U	Y	E	E	T	N	K	G	T	E	O	N	I
R	S	M	I	S	S	U	D	N	I	S	R	D	T
G	G	V	N	S	R	S	M	U	T	C	I	H	Ä
E	E	D	E	O	H	E	B	U	U	H	E	E	T
W	W	I	I	S	Ä	G	R	A	Z	M	N	I	I
I	O	S	V	Ä	N	I	V	D	R	A	I	T	O
C	G	Z	J	Y	T	R	K	R	C	C	X	I	O
H	E	O	J	E	F	U	F	E	F	K	O	F	O
T	N	I	M	A	T	I	V	V	P	M	T	P	D
K	O	H	L	E	N	H	Y	D	R	A	T	E	B

APPETIT
AUSGEWOGEN
BITTER
KALORIEN
KOHLENHYDRATE
DIÄT
VERDAUUNG
ESSBAR
GESCHMACK
GESUNDHEIT
GESUND
NÄHRSTOFF
PROTEINE
QUALITÄT
SOSSE
TOXIN
VITAMIN
GEWICHT

65 - Hiking

P	O	E	A	Y	E	M	T	D	E	V	V	W	O
M	Ü	D	E	C	E	J	I	K	D	V	T	A	R
S	C	H	W	E	R	L	E	F	E	I	T	S	I
U	H	L	O	F	T	G	R	E	B	X	P	S	E
G	N	U	T	I	E	R	E	B	R	O	V	E	N
H	N	R	N	G	L	A	A	N	K	C	L	R	T
S	L	M	H	A	H	T	Y	K	L	A	S	S	I
K	L	I	M	A	T	L	S	Y	I	M	C	T	E
R	E	W	I	L	D	U	D	S	P	P	Y	E	R
A	F	C	J	V	T	S	R	H	P	I	S	I	U
P	P	D	X	B	H	O	D	M	E	N	O	N	N
I	I	B	N	E	R	H	A	F	E	G	N	E	G
N	G	F	I	J	S	X	L	G	A	T	N	I	Y
T	Y	L	S	V	F	Ü	H	R	E	R	E	H	D

TIERE
STIEFEL
CAMPING
KLIPPE
KLIMA
FÜHRER
GEFAHREN
SCHWER
KARTE
BERG
NATUR
ORIENTIERUNG
PARKS
VORBEREITUNG
STEINE
GIPFEL
SONNE
MÜDE
WASSER
WILD

66 - Professions #1

P	M	R	S	A	I	T	Ä	N	Z	E	R	R	B
I	O	L	P	K	W	T	N	K	S	G	E	E	O
A	N	Y	L	J	N	Y	N	A	C	O	G	C	T
N	O	N	G	I	R	U	A	R	H	L	Ä	H	S
I	R	E	K	I	S	U	M	T	N	O	J	T	C
S	T	R	O	B	S	C	R	O	E	E	A	S	H
T	S	E	U	U	Y	C	H	G	I	G	R	A	A
B	A	N	K	I	E	R	E	R	D	N	Z	N	F
R	L	P	U	J	J	E	W	A	E	N	T	W	T
Q	S	M	G	D	F	N	R	P	R	A	Q	A	E
U	J	E	E	C	B	I	E	H	H	M	Q	L	R
E	T	L	S	H	J	A	U	G	C	E	E	T	P
M	F	K	E	E	L	R	E	I	L	E	W	U	J
E	D	I	T	O	R	T	F	S	T	S	L	V	R

BOTSCHAFTER
ASTRONOM
RECHTSANWALT
BANKIER
KARTOGRAPH
TRAINER
TÄNZER
ARZT
EDITOR
FEUERWEHRMANN
GEOLOGE
JÄGER
JUWELIER
MUSIKER
PIANIST
KLEMPNER
SEEMANN
SCHNEIDER

67 - Barbecues

O	M	P	O	H	Y	P	G	V	A	E	S	R	V
F	S	E	D	N	U	E	R	F	B	S	F	X	G
G	R	S	S	T	V	D	E	M	E	S	J	S	P
M	E	U	G	S	U	N	G	U	N	E	G	B	K
V	D	H	C	A	E	O	N	S	D	N	H	L	E
S	N	F	G	H	B	R	U	I	E	H	U	H	N
P	I	P	D	S	T	E	H	K	S	S	A	L	Z
I	K	I	D	B	J	M	L	T	S	Y	X	T	F
E	H	E	I	S	S	M	J	N	E	D	T	O	A
L	G	R	I	L	L	O	L	E	N	D	W	M	M
E	Q	F	Q	P	T	S	U	Y	U	I	R	A	I
B	S	S	O	S	S	E	T	A	L	A	S	T	L
G	E	M	Ü	S	E	Y	P	R	R	Q	G	E	I
G	L	L	T	F	R	V	S	Z	O	K	Y	N	E

HUHN
KINDER
ABENDESSEN
FAMILIE
ESSEN
GABELN
FREUNDE
FRUCHT
SPIELE
GRILL
HEISS
HUNGER
MESSER
MUSIK
SALATE
SALZ
SOSSE
SOMMER
TOMATEN
GEMÜSE

68 - Chocolate

A	W	K	F	T	Y	Z	F	H	X	G	C	N	E
P	N	W	H	C	S	I	T	O	X	E	Z	N	R
T	Ä	T	I	L	A	U	Q	X	S	S	O	E	D
D	S	I	I	A	R	O	M	A	Ü	C	K	Z	N
Y	P	X	D	O	R	Q	E	B	S	H	F	U	Ü
Z	U	T	A	T	X	E	R	Q	S	M	A	C	S
B	I	T	T	E	R	I	Z	V	B	A	V	K	S
E	S	S	E	N	K	P	D	E	A	C	O	E	E
K	A	L	O	R	I	E	N	A	P	K	R	R	H
K	O	K	O	S	N	U	S	S	N	T	I	K	B
A	A	K	A	R	A	M	E	L	L	S	T	Q	N
Y	K	U	G	K	K	Ö	S	T	L	I	C	H	I
F	A	H	A	N	D	W	E	R	K	L	I	C	H
M	K	V	E	R	L	A	N	G	E	N	T	T	E

ANTIOXIDANS
AROMA
HANDWERKLICH
BITTER
KAKAO
KALORIEN
KARAMELL
KOKOSNUSS
VERLANGEN
KÖSTLICH
EXOTISCH
FAVORIT
ZUTAT
ERDNÜSSE
QUALITÄT
REZEPT
ZUCKER
SÜSS
GESCHMACK
ESSEN

69 - Vegetables

B	K	Ü	R	B	I	S	L	F	E	M	R	D	P
K	L	Z	U	I	L	O	K	K	O	R	B	P	I
A	P	U	N	A	Z	T	S	X	P	L	B	I	L
R	N	Z	M	Q	F	R	V	T	A	L	A	S	Z
O	Z	W	V	E	N	I	G	R	E	B	U	A	E
T	W	R	N	S	N	O	N	W	I	G	I	E	A
T	I	J	E	X	S	K	Y	U	R	U	N	T	B
E	E	R	E	T	A	M	O	T	E	R	G	T	R
N	B	L	A	A	T	H	I	H	L	K	W	O	Ü
U	E	N	Y	N	R	I	K	U	L	E	E	L	B
H	L	Y	W	I	E	M	C	D	E	G	R	A	E
K	W	O	K	P	Q	W	Q	H	S	U	Q	H	L
C	A	Q	H	S	K	N	O	B	L	A	U	C	H
A	R	T	I	S	C	H	O	C	K	E	W	S	H

ARTISCHOCKE
BROKKOLI
KAROTTE
BLUMENKOHL
SELLERIE
GURKE
AUBERGINE
KNOBLAUCH
INGWER
PILZ
ZWIEBEL
ERBSE
KÜRBIS
RETTICH
SALAT
SCHALOTTE
SPINAT
TOMATE
RÜBE

70 - Boats

O	T	M	A	R	G	W	E	V	Z	R	T	B	R
Z	E	A	N	B	O	J	E	M	O	T	O	R	E
E	E	S	K	X	P	U	S	T	B	H	O	J	T
A	N	T	E	U	M	F	C	R	E	W	B	U	T
N	O	A	R	G	J	Ä	B	S	S	U	L	F	U
H	S	G	U	S	F	H	R	A	E	Z	E	D	N
K	A	R	N	T	J	R	K	O	I	N	G	O	G
K	A	J	A	K	I	E	S	T	L	W	E	C	S
O	S	C	K	N	U	S	S	O	L	F	S	K	B
A	O	M	E	R	Q	J	C	T	L	T	O	Q	O
B	S	E	E	M	A	N	N	H	M	E	E	R	O
O	K	F	X	Q	F	X	O	C	U	S	Y	S	T
P	P	U	R	B	F	V	L	A	G	K	N	T	U
K	L	Z	M	R	G	P	T	Y	W	B	U	M	J

ANKER
BOJE
KANU
CREW
DOCK
MOTOR
FÄHRE
KAJAK
SEE
RETTUNGSBOOT
MAST
NAUTISCH
OZEAN
FLOSS
FLUSS
SEIL
SEGELBOOT
SEEMANN
MEER
YACHT

71 - Activities and Leisure

O	R	N	H	T	C	R	E	I	S	E	G	M	B
L	L	A	B	E	S	A	B	K	N	C	F	F	A
R	B	G	D	N	S	A	M	P	N	O	O	U	S
X	S	J	N	N	K	C	N	P	R	N	N	S	K
X	E	H	L	I	G	V	H	G	I	I	U	S	E
S	I	B	T	S	N	U	K	W	E	N	V	B	T
N	B	J	W	B	E	P	B	K	I	L	G	A	B
F	B	Q	E	O	N	W	F	A	D	M	N	L	A
G	O	L	F	X	N	E	F	R	U	S	M	L	L
N	H	K	W	E	E	L	A	W	Q	R	A	E	L
Q	N	E	U	N	R	E	D	N	A	W	R	Y	N
T	A	U	C	H	E	N	G	E	M	Ä	L	D	E
E	N	T	S	P	A	N	N	E	N	D	A	D	F
G	A	R	T	E	N	A	R	B	E	I	T	V	U

KUNST
BASEBALL
BASKETBALL
BOXEN
CAMPING
TAUCHEN
ANGELN
GARTENARBEIT
GOLF
WANDERN
HOBBIES
GEMÄLDE
RENNEN
ENTSPANNEND
FUSSBALL
SURFEN
SCHWIMMEN
TENNIS
REISE

72 - Driving

G	A	S	H	G	V	Z	J	P	K	M	T	M	F
G	B	T	A	M	B	D	P	O	P	U	I	C	U
B	A	R	O	T	O	M	K	L	T	K	E	V	S
B	R	R	E	N	K	O	R	I	C	J	H	U	S
B	H	E	A	M	M	F	F	Z	W	T	R	I	G
I	A	B	N	G	S	R	H	E	K	R	E	V	Ä
X	F	I	G	N	E	E	Q	I	L	O	H	E	N
C	E	E	D	L	S	F	N	G	J	P	C	T	G
Q	G	R	O	P	S	T	P	U	F	S	I	U	E
Z	I	T	R	H	A	X	O	K	T	N	S	N	R
M	O	T	O	R	R	A	D	F	X	A	G	N	J
E	A	U	T	O	T	H	P	B	F	R	Z	E	X
U	I	Z	M	C	S	S	K	A	R	T	E	L	F
G	S	L	I	Z	E	N	Z	U	N	F	A	L	L

UNFALL
BREMSEN
AUTO
GEFAHR
TREIBER
BRENNSTOFF
GARAGE
GAS
LIZENZ
KARTE
MOTOR
MOTORRAD
FUSSGÄNGER
POLIZEI
SICHERHEIT
STRASSE
VERKEHR
TRANSPORT
LKW
TUNNEL

73 - Professions #2

E	G	O	L	O	I	B	S	A	K	W	X	Y	S
P	R	E	N	T	R	Ä	G	M	V	R	V	T	L
C	H	F	M	J	I	F	U	A	I	O	S	R	G
H	J	I	I	S	S	E	R	L	T	T	R	A	H
I	I	O	L	N	X	P	O	E	K	A	I	K	T
R	G	Q	U	O	D	R	P	R	E	R	H	E	L
U	M	D	V	R	S	E	P	Y	T	T	F	H	L
R	E	U	A	B	N	O	R	V	E	S	O	T	I
G	V	C	Z	S	U	A	P	K	D	U	T	O	N
Z	O	O	L	O	G	E	L	H	D	L	O	I	G
Z	A	H	N	A	R	Z	T	I	V	L	G	L	U
P	I	L	O	T	Z	R	A	C	S	I	R	B	I
I	N	G	E	N	I	E	U	R	E	T	A	I	S
A	S	T	R	O	N	A	U	T	E	D	F	B	T

ASTRONAUT
BIOLOGE
ZAHNARZT
DETEKTIV
INGENIEUR
BAUER
GÄRTNER
ILLUSTRATOR
ERFINDER
JOURNALIST
BIBLIOTHEKAR
LINGUIST
MALER
PHILOSOPH
FOTOGRAF
ARZT
PILOT
CHIRURG
LEHRER
ZOOLOGE

74 - Emotions

Ü	L	A	N	G	E	W	E	I	L	E	I	W	Q
T	B	A	S	F	R	F	R	U	H	I	G	C	E
R	C	E	A	J	U	H	R	P	B	Z	F	Q	A
A	O	T	R	N	H	Q	N	E	D	E	I	R	F
U	B	G	N	R	E	A	R	M	U	F	I	Z	E
R	E	E	F	N	A	R	I	E	U	D	L	S	I
I	N	R	S	H	P	S	G	V	R	L	E	U	L
G	T	E	I	C	O	F	C	D	M	T	W	B	E
K	S	G	F	L	H	M	N	H	I	S	J	W	R
E	P	F	R	W	W	Ä	W	B	E	G	L	F	O
I	A	U	W	U	T	H	M	M	D	N	M	W	C
T	N	A	L	I	E	B	E	T	L	A	H	N	I
D	N	Z	Ä	R	T	L	I	C	H	K	E	I	T
S	T	N	F	Z	D	F	D	A	N	K	B	A	R

WUT
LANGEWEILE
RUHIG
INHALT
BESCHÄMT
AUFGEREGT
ANGST
DANKBAR
FREUDE
LIEBE
FRIEDEN
ENTSPANNT
RELIEF
TRAURIGKEIT
ÜBERRASCHEN
ZÄRTLICHKEIT
RUHE

75 - Mythology

K	B	C	H	G	L	A	B	Y	R	I	N	T	H
U	C	M	E	E	O	P	Y	R	H	T	J	N	A
L	I	B	L	P	Y	T	E	H	C	R	A	E	P
T	N	I	D	L	E	H	T	E	N	Z	O	T	A
U	D	Y	S	P	H	C	B	H	W	W	N	L	O
R	Y	D	W	A	O	U	L	S	E	H	C	A	R
D	O	N	N	E	R	S	I	T	K	I	Q	H	E
H	I	M	M	E	L	R	T	E	R	K	T	R	T
H	E	P	N	J	W	E	Z	R	Ä	R	M	E	S
I	H	T	F	P	U	F	B	B	T	E	W	V	N
L	I	L	F	G	J	I	L	L	S	A	Y	U	O
D	O	U	Q	W	Z	E	T	I	Q	T	S	B	M
K	R	E	A	T	I	O	N	C	U	U	Q	A	K
L	E	G	E	N	D	E	H	H	M	R	E	J	Y

ARCHETYP
VERHALTEN
KREATION
KREATUR
KULTUR
GOTTHEITEN
HIMMEL
HELD
HELDIN
EIFERSUCHT
LABYRINTH
LEGENDE
BLITZ
MONSTER
STERBLICH
RACHE
STÄRKE
DONNER

76 - Hair Types

S	C	M	F	G	E	F	L	O	C	H	T	E	N
W	X	S	G	A	Z	N	O	A	G	F	H	G	L
I	E	S	S	T	R	J	Y	L	O	E	A	N	O
N	E	I	A	I	U	B	L	O	C	K	I	G	V
D	R	E	C	H	K	M	I	Y	X	M	I	N	S
L	F	W	D	H	L	Y	E	G	I	L	L	E	W
G	X	E	Ü	Q	Q	T	R	O	C	K	E	N	D
N	R	A	N	I	G	E	S	U	N	D	R	U	I
A	E	A	N	T	W	Q	S	X	E	W	L	A	C
L	Y	P	U	Z	Ö	P	F	E	K	G	F	R	K
S	C	H	W	A	R	Z	H	Z	C	A	T	B	U
C	G	Q	R	P	Q	S	F	T	O	F	U	X	E
B	L	O	N	D	A	I	A	M	L	H	A	K	A
U	R	Q	P	G	G	L	Ä	N	Z	E	N	D	Z

KAHL
SCHWARZ
BLOND
GEFLOCHTEN
ZÖPFE
BRAUN
FARBIG
LOCKEN
LOCKIG
TROCKEN
GRAU
GESUND
LANG
GLÄNZEND
KURZ
WEICH
DICK
DÜNN
WELLIG
WEISS

77 - Garden

B	G	P	P	E	G	H	C	I	E	T	R	T	W
A	R	S	B	D	A	Q	C	E	G	S	A	E	M
R	A	J	E	A	R	B	K	S	N	Z	S	R	H
B	S	D	T	D	A	A	Z	A	U	N	E	R	S
U	L	M	T	N	G	N	E	D	O	B	N	A	C
N	E	U	A	A	E	K	L	P	V	U	I	S	H
K	F	A	M	R	E	C	H	E	N	Z	L	S	L
R	U	B	E	E	F	W	G	H	M	N	O	E	A
A	A	O	G	V	P	Z	A	P	I	N	P	G	U
U	H	O	N	G	L	E	R	M	Z	X	M	X	C
T	C	I	Ä	W	N	M	T	T	B	P	A	N	H
P	S	M	H	A	T	J	E	G	I	X	R	T	R
H	X	K	C	Q	G	O	N	D	J	A	T	T	P
O	B	S	T	G	A	R	T	E	N	N	F	M	D

BANK
BUSCH
ZAUN
BLUME
GARAGE
GARTEN
GRAS
HÄNGEMATTE
SCHLAUCH
RASEN
OBSTGARTEN
TEICH
VERANDA
RECHEN
SCHAUFEL
BODEN
TERRASSE
TRAMPOLIN
BAUM
UNKRAUT

78 - Diplomacy

X	P	S	H	V	B	D	H	B	Y	R	B	I	O
E	O	P	I	U	H	E	B	A	Ü	U	P	T	H
A	L	R	N	G	M	U	R	G	T	R	R	V	W
U	I	A	T	E	R	A	D	A	M	F	G	K	D
F	T	C	E	M	E	W	N	T	T	J	D	E	Z
L	I	H	G	E	G	Q	O	I	Q	E	N	B	R
Ö	K	E	R	I	I	Q	I	E	T	J	R	O	V
S	W	N	I	N	E	L	S	H	K	Ä	F	T	E
U	K	L	T	S	R	Ö	S	R	I	I	R	S	R
N	F	J	Ä	C	U	S	U	E	L	D	O	C	T
G	T	B	T	H	N	U	K	H	F	D	S	H	R
X	E	N	C	A	G	N	S	C	N	V	W	A	A
E	Q	Z	K	F	E	G	I	I	O	K	Z	F	G
D	W	M	J	T	K	P	D	S	K	I	H	T	E

BERATER
BÜRGER
GEMEINSCHAFT
KONFLIKT
DISKUSSION
BOTSCHAFT
ETHIK
REGIERUNG
HUMANITÄR
INTEGRITÄT
SPRACHEN
POLITIK
AUFLÖSUNG
SICHERHEIT
LÖSUNG
VERTRAG

79 - Countries #1

N	B	S	P	U	R	I	M	I	E	T	M	U	S
I	R	B	Y	M	S	X	T	A	S	S	Q	R	C
C	A	P	O	L	E	N	N	A	R	R	Z	G	H
A	S	K	P	I	B	E	D	L	L	O	A	Q	U
R	I	A	A	K	U	Y	N	E	W	I	K	E	Z
A	L	N	N	W	G	B	A	U	X	V	E	K	L
G	I	A	A	B	M	I	L	Z	G	I	T	N	O
U	E	D	M	Z	C	L	T	E	I	E	N	E	A
A	N	A	A	V	E	D	T	N	R	T	L	I	B
S	P	A	N	I	E	N	E	E	A	N	Q	N	D
U	S	E	N	E	G	A	L	V	K	A	C	Ä	K
F	I	N	N	L	A	N	D	U	Z	M	R	M	B
N	O	R	W	E	G	E	N	Y	I	B	R	U	J
Ä	G	Y	P	T	E	N	A	H	J	C	K	R	U

BRASILIEN
KANADA
ÄGYPTEN
FINNLAND
IRAK
ISRAEL
ITALIEN
LETTLAND
LIBYEN
MAROKKO
NICARAGUA
NORWEGEN
PANAMA
POLEN
RUMÄNIEN
SENEGAL
SPANIEN
VENEZUELA
VIETNAM

80 - Adjectives #1

X	J	J	U	R	H	E	X	O	T	I	S	C	H
E	D	L	Z	C	C	C	K	V	P	C	U	J	D
W	H	P	S	G	I	Z	I	E	G	R	H	E	B
A	I	G	E	C	E	N	K	L	E	K	N	U	D
T	X	C	G	E	R	S	N	W	K	M	F	H	O
T	X	Q	H	N	F	Q	L	E	H	C	V	C	S
R	D	E	W	T	L	Z	R	C	K	F	Ü	I	I
A	A	D	N	O	I	M	A	S	G	N	A	L	Z
K	U	M	R	Z	H	G	O	N	I	B	B	R	G
T	I	D	E	N	T	I	S	C	H	T	S	H	X
I	P	X	D	Z	H	D	J	Z	H	S	O	E	D
V	C	I	O	Ü	C	S	C	H	Ö	N	L	B	R
F	N	O	M	F	N	M	U	E	U	R	U	M	V
S	C	H	W	E	R	N	Q	O	Z	E	T	T	L

ABSOLUT
EHRGEIZIG
ATTRAKTIV
SCHÖN
DUNKEL
EXOTISCH
GLÜCKLICH
SCHWER

HILFREICH
EHRLICH
IDENTISCH
WICHTIG
MODERN
ERNST
LANGSAM
DÜNN

81 - Technology

C	Y	G	S	A	N	Z	E	I	G	E	D	E	I
B	G	C	G	O	L	B	Z	I	Q	V	Z	Y	N
D	A	T	E	N	F	H	A	I	U	D	V	O	T
M	R	L	A	Q	T	T	N	B	V	I	I	A	E
R	E	N	P	W	Z	V	W	T	U	S	R	N	R
I	M	B	Y	T	E	S	I	A	V	J	T	A	N
H	A	C	U	R	S	O	R	J	R	I	U	C	E
C	K	I	T	S	I	T	A	T	S	E	E	H	T
S	I	C	H	E	R	H	E	I	T	T	L	R	K
D	D	I	G	I	T	A	L	V	D	A	L	I	B
L	C	O	M	P	U	T	E	R	I	D	U	C	S
I	B	R	O	W	S	E	R	O	J	R	J	H	R
B	S	C	H	R	I	F	T	A	R	T	U	T	X
L	B	F	O	R	S	C	H	U	N	G	P	S	G

BLOG
BROWSER
BYTES
KAMERA
COMPUTER
CURSOR
DATEN
DIGITAL
ANZEIGE
DATEI

SCHRIFTART
INTERNET
NACHRICHT
FORSCHUNG
BILDSCHIRM
SICHERHEIT
SOFTWARE
STATISTIK
VIRTUELL
VIRUS

82 - Landscapes

S	E	T	U	N	D	R	A	Y	H	M	L	N	H
B	I	N	X	M	Y	A	Y	S	X	Ö	X	A	G
E	S	A	O	R	O	Z	N	B	F	X	H	K	E
R	B	G	L	E	T	S	C	H	E	R	D	L	Q
G	E	Q	G	Z	G	L	Z	Z	J	O	N	U	E
Q	R	D	V	V	X	G	H	L	S	R	C	V	Z
S	G	I	N	M	Y	J	T	E	I	N	S	E	L
O	E	L	L	A	F	R	E	S	S	A	W	P	B
F	O	E	W	S	T	R	A	N	D	O	L	U	D
L	Z	Q	M	G	E	Y	S	I	R	R	X	G	S
U	E	L	E	B	Z	L	G	B	S	U	M	P	F
S	A	W	E	N	C	E	Z	L	V	M	T	A	L
S	N	Y	R	R	L	J	A	A	W	Ü	S	T	E
H	Ü	G	E	L	I	Z	W	H	P	X	L	D	U

STRAND
HÖHLE
WÜSTE
GEYSIR
GLETSCHER
HÜGEL
EISBERG
INSEL
SEE
BERG
OASE
OZEAN
HALBINSEL
FLUSS
MEER
SUMPF
TUNDRA
TAL
VULKAN
WASSERFALL

83 - Visual Arts

K	S	G	C	K	A	B	F	M	X	B	X	R	S
E	C	E	S	R	R	L	I	E	B	H	V	P	K
R	H	M	M	E	C	E	D	I	E	R	K	F	U
A	A	Ä	I	A	H	I	L	S	F	O	T	O	L
M	B	L	E	T	I	S	G	T	F	I	T	S	P
I	L	D	L	I	T	T	Z	E	S	F	X	N	T
K	O	E	E	V	E	I	O	R	L	N	I	O	U
C	N	K	F	I	K	F	C	W	M	A	Ü	L	R
O	E	E	F	T	T	T	D	E	P	P	C	K	M
S	R	T	A	Ä	U	G	F	R	T	O	N	K	Q
K	Y	E	T	T	R	O	S	K	W	A	C	H	S
P	E	R	S	P	E	K	T	I	V	E	W	R	F
H	O	L	Z	K	O	H	L	E	P	S	Z	X	X
P	O	R	T	R	Ä	T	Q	A	Y	O	T	L	N

ARCHITEKTUR
KÜNSTLER
KERAMIK
KREIDE
HOLZKOHLE
TON
KREATIVITÄT
STAFFELEI
FILM
MEISTERWERK
GEMÄLDE
STIFT
BLEISTIFT
PERSPEKTIVE
FOTO
PORTRÄT
SKULPTUR
SCHABLONE
LACK
WACHS

84 - Plants

B	O	Q	O	V	X	P	H	M	U	W	D	B	X
N	O	I	T	A	T	E	G	E	V	U	Ü	L	I
J	D	H	C	S	U	B	U	A	L	R	N	U	M
G	F	L	N	M	S	O	O	M	K	Z	G	M	I
T	A	L	K	E	A	T	Q	U	A	E	E	E	P
D	K	R	O	P	R	A	X	A	K	L	R	R	H
Q	J	B	T	R	G	N	B	B	T	R	X	E	X
Z	D	Q	N	E	A	I	Z	D	U	E	F	E	X
R	D	L	C	X	N	K	A	M	S	I	U	B	E
B	A	M	B	U	S	D	T	M	H	C	K	Q	B
B	L	Ü	T	E	N	B	L	A	T	T	Y	M	M
M	P	J	E	J	Z	M	Y	T	W	A	L	D	N
O	U	Y	W	G	V	O	U	S	V	J	G	X	O
G	Z	T	H	B	H	J	Z	Y	A	K	I	R	U

BAMBUS
BOHNE
BEERE
BOTANIK
BUSCH
KAKTUS
DÜNGER
FLORA
BLUME
LAUB
WALD
GARTEN
GRAS
EFEU
MOOS
BLÜTENBLATT
WURZEL
STAMM
BAUM
VEGETATION

85 - Boxing

V	Z	F	E	E	F	P	K	C	I	K	H	O	K
X	E	T	A	K	J	U	Ä	R	Q	S	Z	U	Ö
V	B	R	Q	Y	S	N	M	J	O	T	G	Q	R
U	W	G	L	R	E	K	P	T	G	Ä	E	V	P
U	E	V	G	E	M	T	F	V	D	R	G	H	E
N	B	B	E	V	T	E	E	K	T	K	N	F	R
G	D	H	B	O	S	Z	R	S	I	E	E	Ä	E
L	L	C	W	C	U	F	U	Z	H	N	R	H	L
V	N	O	H	E	A	O	F	N	X	J	N	I	L
D	R	M	C	R	F	K	E	L	G	X	E	G	B
E	C	K	E	K	S	U	H	T	W	E	M	K	O
F	R	E	L	I	E	S	E	C	F	Z	N	E	G
Z	H	A	N	D	S	C	H	U	H	E	M	I	E
S	C	H	N	E	L	L	Y	Y	D	F	F	T	N

GLOCKE
KÖRPER
KINN
ECKE
ELLBOGEN
KÄMPFER
FAUST
FOKUS
HANDSCHUHE
VERLETZUNGEN
KICK
GEGNER
PUNKTE
SCHNELL
RECOVERY
SEILE
FÄHIGKEIT
STÄRKE

86 - Countries #2

U	K	R	A	I	N	E	I	N	S	L	V	U	P
O	B	J	I	Y	C	J	Q	E	O	F	A	O	B
J	A	M	A	I	K	A	L	I	M	D	A	O	D
B	G	W	F	N	V	N	O	N	A	B	I	L	S
D	Y	J	A	P	A	N	G	A	L	Z	R	P	D
D	N	A	L	S	S	U	R	B	I	Q	E	G	Ä
H	A	I	T	I	U	A	Z	L	A	M	G	E	N
C	N	E	P	A	L	D	S	A	R	E	I	K	E
U	G	A	N	D	A	I	A	F	P	X	N	F	M
G	S	Z	I	V	H	O	O	N	Q	I	A	R	A
S	Y	R	I	E	N	A	T	S	I	K	A	P	R
L	I	B	E	R	I	A	O	F	P	O	F	E	K
G	R	I	E	C	H	E	N	L	A	N	D	U	L
E	Z	F	Y	Ä	T	H	I	O	P	I	E	N	F

ALBANIEN
DÄNEMARK
ÄTHIOPIEN
GRIECHENLAND
HAITI
JAMAIKA
JAPAN
LAOS
LIBANON
LIBERIA
MEXIKO
NEPAL
NIGERIA
PAKISTAN
RUSSLAND
SOMALIA
SUDAN
SYRIEN
UGANDA
UKRAINE

87 - Ecology

F	Z	V	Q	Q	R	K	G	A	V	H	J	M	B
M	H	B	C	L	E	R	L	A	R	T	H	A	N
B	E	R	G	E	S	Z	V	I	S	T	N	R	N
U	B	B	H	O	S	F	I	V	M	F	A	I	A
A	M	C	B	J	O	J	E	E	Ü	A	C	N	T
N	B	F	P	M	U	S	L	G	B	H	H	E	U
U	A	F	U	O	R	J	F	E	E	C	H	R	R
A	K	T	T	P	C	C	A	T	R	S	A	R	F
F	C	C	Ü	Y	E	J	L	A	L	N	L	Ü	L
V	K	W	Z	R	N	U	T	T	E	I	T	D	O
N	E	Z	N	A	L	F	P	I	B	E	I	S	R
G	L	O	B	A	L	I	C	O	E	M	G	C	A
O	U	P	S	Z	N	E	C	N	N	E	R	B	Q
X	Q	Y	R	J	C	H	D	H	E	G	U	A	V

KLIMA
GEMEINSCHAFT
VIELFALT
DÜRRE
FAUNA
FLORA
GLOBAL
MARINE
SUMPF

BERGE
NATÜRLICH
NATUR
PFLANZEN
RESSOURCEN
ART
ÜBERLEBEN
NACHHALTIG
VEGETATION

88 - Adjectives #2

F	T	M	W	E	F	X	B	H	B	V	B	A	D
Z	J	C	Z	I	K	G	V	U	K	M	E	Z	W
H	X	P	L	M	L	Y	N	N	N	N	S	I	R
C	E	V	O	E	N	D	T	G	R	S	C	N	I
S	V	I	T	A	E	R	K	R	K	C	H	T	A
I	E	T	S	L	K	L	N	I	V	H	R	E	B
T	L	K	B	S	C	W	A	G	R	L	E	R	E
A	E	U	E	N	O	M	T	N	G	Ä	I	E	R
M	G	D	G	I	R	Y	Ü	O	E	F	B	S	Ü
A	A	O	A	C	T	S	R	D	S	R	E	S	H
R	N	R	B	G	S	T	L	B	U	I	N	A	M
D	T	P	T	Q	V	A	I	C	N	G	D	N	T
S	A	L	Z	I	G	R	C	F	D	M	Y	T	J
A	O	O	L	E	N	K	H	W	Y	C	M	B	C

KREATIV
BESCHREIBEND
DRAMATISCH
TROCKEN
ELEGANT
BERÜHMT
BEGABT
GESUND
HEISS
HUNGRIG
INTERESSANT
NATÜRLICH
NEU
PRODUKTIV
STOLZ
SALZIG
SCHLÄFRIG
STARK
WILD

89 - Math

Z	S	D	S	E	X	P	O	N	E	N	T	P	P
A	B	G	N	U	H	C	I	E	L	G	P	O	A
H	G	N	A	F	M	U	B	N	F	A	D	L	R
L	E	K	N	I	W	M	E	K	Z	J	U	Y	A
E	S	M	B	B	T	E	E	I	D	B	R	G	L
N	P	W	H	B	I	I	W	T	R	B	E	O	L
S	Y	M	M	E	T	R	I	E	E	R	C	N	E
R	A	D	I	U	S	T	D	M	I	U	H	O	L
Y	F	N	A	W	Z	E	Q	H	E	C	T	I	S
Z	O	J	K	O	A	M	J	T	C	H	E	S	X
J	N	Q	O	F	Q	O	A	I	K	T	C	I	L
T	E	D	F	H	Q	E	Y	R	S	E	K	V	L
T	Z	A	D	H	H	G	Q	A	F	I	Q	I	M
W	Y	D	D	E	Z	I	M	A	L	L	U	D	W

WINKEL
ARITHMETIK
UMFANG
DEZIMAL
DIVISION
GLEICHUNG
EXPONENT
BRUCHTEIL
GEOMETRIE
ZAHLEN
PARALLEL
POLYGON
RADIUS
RECHTECK
SUMME
SYMMETRIE
DREIECK

90 - Water

M	Y	F	D	A	M	P	F	V	U	U	T	J	Q
O	D	B	E	C	Z	L	O	E	E	N	H	C	S
N	E	T	N	U	V	Z	Y	R	L	K	Q	G	S
S	K	P	G	H	C	E	L	D	Y	T	L	N	U
U	K	A	N	A	L	H	T	U	F	L	U	T	L
N	F	C	U	J	T	T	T	N	O	W	W	P	F
S	E	G	R	P	D	R	W	S	I	E	L	U	Q
N	E	G	E	R	G	I	Z	T	S	O	R	F	O
N	D	E	S	B	E	N	Q	U	Y	L	L	N	Z
Z	Z	B	S	D	Y	K	S	N	T	R	H	M	M
C	S	H	Ä	V	S	B	P	G	O	Z	E	A	N
S	S	T	W	N	I	A	D	U	S	C	H	E	O
I	J	U	E	L	R	R	W	E	L	L	E	N	L
C	U	P	B	H	U	R	R	I	K	A	N	F	P

KANAL
FEUCHT
TRINKBAR
VERDUNSTUNG
FLUT
FROST
GEYSIR
HURRIKAN
EIS
BEWÄSSERUNG
SEE
MONSUN
OZEAN
REGEN
FLUSS
DUSCHE
SCHNEE
DAMPF
WELLEN

91 - Activities

A	T	Q	K	O	D	X	E	I	I	F	C	Y	F
N	I	N	R	E	D	N	A	W	V	R	A	N	O
G	E	E	E	L	R	Q	A	P	K	E	M	E	T
E	B	H	W	E	L	A	G	J	M	I	P	S	O
L	R	Ä	D	I	K	E	M	S	B	Z	I	S	G
N	A	N	N	P	B	M	S	I	K	E	N	E	R
E	N	P	A	S	X	R	L	E	K	I	G	R	A
I	E	U	H	Y	R	Z	L	I	N	T	R	E	F
O	T	L	T	S	N	U	K	G	G	P	Q	T	I
R	R	U	S	X	V	K	T	A	N	Z	E	N	E
D	A	I	N	D	R	P	N	M	Y	Q	C	I	T
A	G	N	U	N	N	A	P	S	T	N	E	O	X
T	Z	A	K	V	E	R	G	N	Ü	G	E	N	A
Q	U	Q	J	A	K	T	I	V	I	T	Ä	T	G

AKTIVITÄT
KUNST
CAMPING
KERAMIK
KUNSTHANDWERK
TANZEN
ANGELN
SPIELE
GARTENARBEIT
WANDERN
JAGD
INTERESSEN
FREIZEIT
MAGIE
FOTOGRAFIE
VERGNÜGEN
LESEN
ENTSPANNUNG
NÄHEN

92 - Business

F	I	K	A	R	R	I	E	R	E	U	V	P	E
I	N	D	T	F	A	H	C	S	T	R	I	W	M
N	V	R	B	S	M	Z	G	F	T	R	G	N	M
A	E	E	I	T	R	Q	E	U	A	E	N	D	L
N	S	T	A	W	I	O	S	A	B	B	U	M	Z
Z	T	I	S	F	F	Y	C	K	A	E	R	A	W
I	I	E	M	O	F	E	H	R	R	G	H	I	W
E	T	B	E	P	K	G	Ä	E	E	T	Ä	B	K
R	I	R	L	Y	L	E	F	V	G	I	W	U	O
E	O	A	B	Y	S	L	T	L	A	E	R	D	G
N	N	T	F	Ü	O	D	N	Z	N	B	N	G	Q
Y	A	I	Q	A	R	S	B	Q	A	R	P	E	C
L	R	M	D	M	A	O	U	M	M	A	R	T	N
E	I	N	K	O	M	M	E	N	N	J	Z	H	U

BUDGET
KARRIERE
FIRMA
KOSTEN
WÄHRUNG
RABATT
WIRTSCHAFT
MITARBEITER
ARBEITGEBER
FABRIK
FINANZIEREN
EINKOMMEN
INVESTITION
MANAGER
WARE
GELD
BÜRO
VERKAUF
GESCHÄFT

93 - The Company

Q	U	A	L	I	T	Ä	T	Y	B	F	D	P	P
I	N	N	O	V	A	T	I	V	E	G	C	R	R
N	T	A	P	K	Y	F	W	M	S	P	I	O	O
E	I	N	H	E	I	T	E	N	C	R	N	F	D
C	E	E	K	I	G	T	L	E	H	Ä	V	E	U
R	K	M	R	R	E	I	Ö	K	Ä	S	E	S	K
U	H	H	E	T	S	R	H	I	F	E	S	S	T
O	C	A	A	S	C	H	N	S	T	N	T	I	A
S	I	N	T	U	H	C	E	I	I	T	I	O	E
S	L	N	I	D	Ä	S	N	R	G	A	T	N	F
E	G	I	V	N	F	T	K	D	U	T	I	E	H
R	Ö	E	T	I	T	R	H	Y	N	I	O	L	B
T	M	Z	L	A	B	O	L	G	G	O	N	L	G
T	W	P	D	U	U	F	U	R	W	N	S	Q	M

GESCHÄFT
KREATIV
BESCHÄFTIGUNG
GLOBAL
INDUSTRIE
INNOVATIV
INVESTITION
MÖGLICHKEIT
PRÄSENTATION
PRODUKT
PROFESSIONELL
FORTSCHRITT
QUALITÄT
RUF
RESSOURCEN
EINNAHMEN
RISIKEN
EINHEITEN
LÖHNE

94 - Literature

A	R	H	Y	T	H	M	U	S	M	S	X	F	F
G	N	U	N	I	E	M	K	V	X	D	C	I	L
E	A	E	I	H	P	A	R	G	O	I	B	K	I
D	M	W	K	D	I	A	L	O	G	O	E	T	C
I	O	D	I	D	G	K	L	V	N	Y	F	I	O
C	R	T	O	R	O	M	G	I	U	Z	A	O	S
H	H	V	W	Z	O	T	W	S	A	X	K	N	T
T	D	N	L	H	C	I	E	L	G	R	E	V	I
B	E	S	C	H	R	E	I	B	U	N	G	G	L
C	W	R	T	A	N	A	L	O	G	I	E	P	O
K	R	E	H	P	A	T	E	M	R	O	T	U	A
R	X	H	E	S	Y	L	A	N	A	E	K	N	Y
S	Z	R	M	F	E	L	G	R	B	A	I	Y	W
F	N	X	A	P	O	E	T	I	S	C	H	M	V

ANALOGIE
ANALYSE
ANEKDOTE
AUTOR
BIOGRAPHIE
VERGLEICH
BESCHREIBUNG
DIALOG
FIKTION
METAPHER
ROMAN
MEINUNG
GEDICHT
POETISCH
REIM
RHYTHMUS
STIL
THEMA

95 - Geography

A	E	G	M	P	Q	D	U	T	T	W	K	W	B
B	T	D	A	T	S	M	E	E	R	E	A	W	Q
X	I	L	H	K	I	K	U	G	J	S	R	C	I
W	E	N	A	E	O	L	A	N	D	T	T	D	F
G	R	E	B	S	M	N	E	D	Ü	S	E	M	Z
E	B	D	D	S	A	I	T	T	S	J	R	F	Y
G	C	R	A	U	M	Y	S	I	V	D	L	R	N
N	S	O	P	L	C	L	Y	P	N	M	O	S	R
G	U	N	L	F	E	E	W	N	H	E	I	Z	T
H	Ö	H	E	H	V	S	Y	M	I	Ä	N	Q	W
F	L	T	X	K	Z	N	W	E	L	T	R	T	C
C	O	Y	G	E	B	I	E	T	W	I	O	E	K
O	Z	E	A	N	O	I	G	E	R	F	I	V	A
R	N	M	E	R	I	D	I	A	N	J	W	P	Y

HÖHE
ATLAS
STADT
KONTINENT
LAND
HEMISPHÄRE
INSEL
BREITE
KARTE
MERIDIAN
BERG
NORDEN
OZEAN
REGION
FLUSS
MEER
SÜDEN
GEBIET
WEST
WELT

96 - Pets

W	K	T	Y	O	G	E	W	A	S	S	E	R	Q
H	E	Z	T	A	K	Z	I	E	G	A	P	A	P
A	S	L	W	A	F	Q	T	D	M	L	B	K	X
M	A	K	P	E	S	S	E	N	E	M	T	U	Y
S	H	Q	W	E	U	W	K	E	V	C	K	H	T
T	C	E	M	O	A	D	Ä	G	T	N	H	A	K
E	H	Z	A	R	M	S	T	A	R	R	F	S	W
R	I	E	E	P	A	C	Z	R	F	D	B	T	E
H	C	S	I	F	J	H	C	K	V	A	G	D	G
P	G	W	E	O	P	W	H	B	L	E	I	N	E
Y	R	R	I	T	X	A	E	B	C	O	T	U	I
O	K	W	S	E	R	N	N	T	A	U	D	H	Z
U	K	G	W	N	T	Z	R	A	R	E	I	T	R
S	C	H	I	L	D	K	R	Ö	T	E	E	X	Y

KATZE
KRAGEN
KUH
HUND
FISCH
ESSEN
ZIEGE
HAMSTER
KÄTZCHEN
LEINE

EIDECHSE
MAUS
PAPAGEI
PFOTEN
WELPE
HASE
SCHWANZ
SCHILDKRÖTE
TIERARZT
WASSER

97 - Jazz

R	G	J	L	Y	T	Z	Z	J	N	R	I	O	R
E	R	N	E	G	D	S	O	H	B	L	M	R	H
L	T	A	L	E	N	T	T	O	I	I	P	C	Y
T	X	V	N	B	P	L	R	M	U	E	R	H	T
S	C	H	L	A	G	Z	E	U	G	D	O	E	H
N	A	M	A	S	A	F	Z	B	E	G	V	S	M
Ü	G	P	U	C	L	C	N	L	B	N	I	T	U
K	T	G	P	S	T	J	O	A	E	U	S	E	S
K	O	F	J	L	I	B	K	S	R	N	A	R	C
G	P	Y	H	T	A	K	D	T	Ü	O	T	B	H
O	B	A	G	B	D	U	A	I	H	T	I	O	K
T	E	C	H	N	I	K	S	L	M	E	O	M	Y
K	O	M	P	O	N	I	S	T	T	B	N	X	R
L	K	F	A	V	O	R	I	T	E	N	U	T	G

ALBUM
APPLAUS
KÜNSTLER
KOMPONIST
KONZERT
SCHLAGZEUG
BETONUNG
BERÜHMT
FAVORITEN
GENRE
IMPROVISATION
MUSIK
NEU
ALT
ORCHESTER
RHYTHMUS
LIED
STIL
TALENT
TECHNIK

98 - Nature

F	W	P	F	I	W	N	B	O	B	C	U	E	S
B	R	O	O	S	I	E	W	Z	P	A	B	E	C
G	I	I	L	S	L	B	Ü	R	V	N	C	M	H
L	Z	E	E	K	D	E	S	I	T	K	R	A	Ö
E	H	E	N	D	E	L	T	T	T	B	E	B	N
T	E	R	V	E	L	N	E	O	I	E	T	L	H
S	I	O	R	C	N	I	Q	N	E	R	I	S	E
C	L	S	U	P	L	P	C	D	R	G	E	E	I
H	I	I	L	V	N	J	X	H	E	E	H	W	T
E	G	O	N	H	C	S	I	P	O	R	T	U	U
R	T	N	D	H	C	S	I	M	A	N	Y	D	X
B	U	A	L	A	X	U	E	S	X	K	R	A	A
N	M	M	S	W	A	L	D	T	M	O	N	W	D
W	M	V	X	A	U	F	V	F	E	R	G	E	U

TIERE
ARKTIS
SCHÖNHEIT
BIENEN
WOLKEN
WÜSTE
DYNAMISCH
EROSION
NEBEL
LAUB
WALD
GLETSCHER
BERGE
FRIEDLICH
FLUSS
HEILIGTUM
HEITER
TROPISCH
WILD

99 - Vacation #2

A	S	S	A	P	R	M	E	I	Z	F	T	I	H
I	U	T	I	E	Z	I	E	R	F	E	M	X	O
N	X	S	R	V	I	S	U	M	G	G	L	A	T
S	S	N	L	A	U	R	L	A	U	B	B	T	E
E	G	L	E	Ä	N	Y	A	T	Z	G	I	F	L
L	P	B	I	Z	N	D	R	E	I	S	E	L	B
J	Q	I	Z	P	Y	D	M	E	E	R	C	U	M
S	Z	L	C	Y	Z	E	E	H	Y	S	A	G	P
K	A	R	T	E	Z	X	G	R	P	U	M	H	V
T	R	A	N	S	P	O	R	T	R	S	P	A	O
U	R	J	A	U	D	D	E	T	E	S	I	F	V
D	B	P	S	W	C	W	B	L	Z	I	N	E	R
G	I	W	F	X	F	I	V	H	R	O	G	N	B
A	U	S	L	Ä	N	D	I	S	C	H	G	W	B

FLUGHAFEN
STRAND
CAMPING
ZIEL
AUSLÄNDISCH
AUSLÄNDER
URLAUB
HOTEL
INSEL
REISE
FREIZEIT
KARTE
BERGE
PASS
MEER
TAXI
ZELT
ZUG
TRANSPORT
VISUM

100 - Electricity

E	K	F	M	L	E	B	A	K	C	H	N	N	G
L	X	E	A	A	Q	K	T	E	L	E	F	O	N
E	N	R	G	S	W	V	G	S	M	T	S	G	U
K	E	N	N	E	D	I	R	O	E	K	J	E	T
T	T	S	E	R	E	T	L	D	N	E	G	N	S
R	Z	E	T	Q	P	I	H	K	G	J	N	E	Ü
I	W	H	F	M	M	S	R	C	E	B	U	R	R
S	E	E	Z	T	A	O	I	E	R	O	R	A	S
C	R	N	Q	T	L	P	Y	T	T	Z	E	T	U
H	K	Z	U	P	E	Q	F	S	S	T	G	O	A
E	L	E	K	T	R	I	K	E	R	B	A	R	G
N	E	G	A	T	I	V	D	D	Z	Q	L	B	K
P	G	H	V	N	V	V	E	D	Z	N	E	L	K
D	R	Ä	H	T	E	X	D	H	C	G	O	U	R

BATTERIE
KABEL
ELEKTRISCH
ELEKTRIKER
AUSRÜSTUNG
GENERATOR
LAMPE
LASER
MAGNET
NEGATIV
NETZWERK
OBJEKTE
POSITIV
MENGE
STECKDOSE
LAGERUNG
TELEFON
FERNSEHEN
DRÄHTE

1 - Antiques

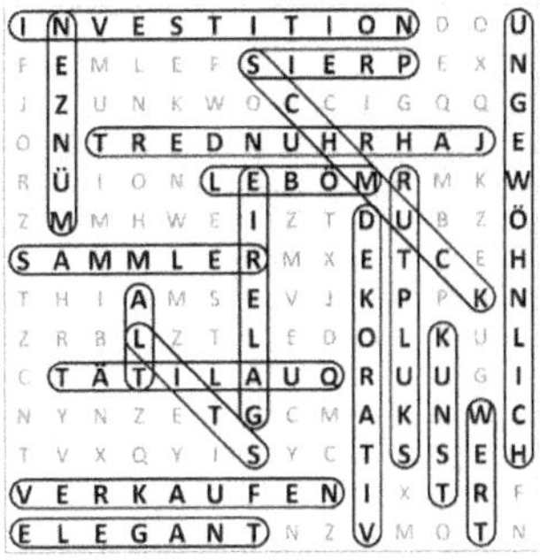

2 - Food #1

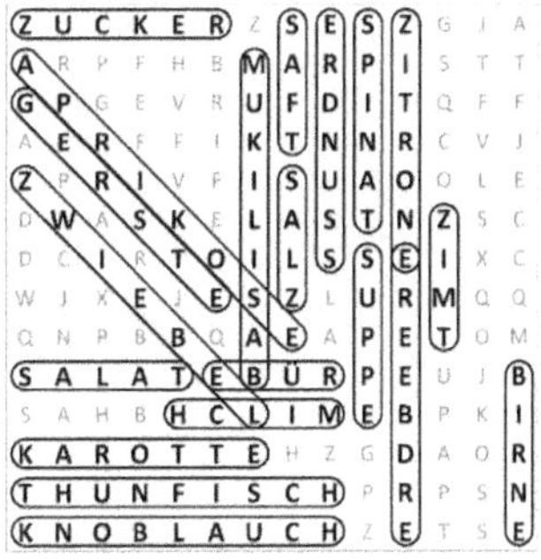

3 - Measurements

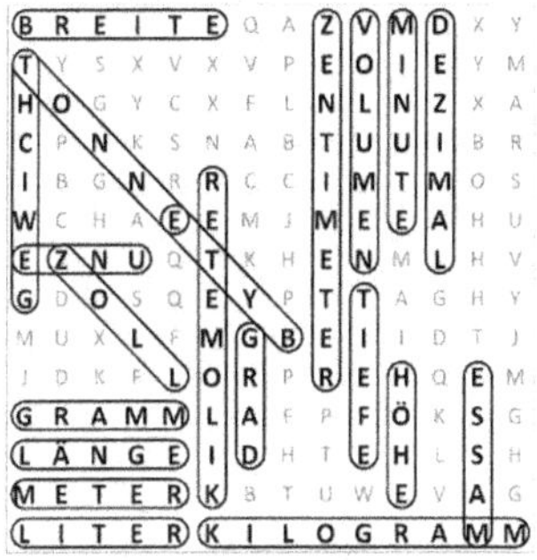

4 - Farm #2

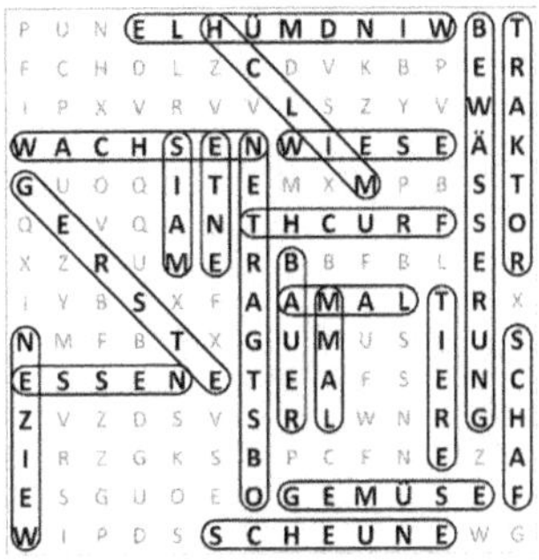

5 - Books

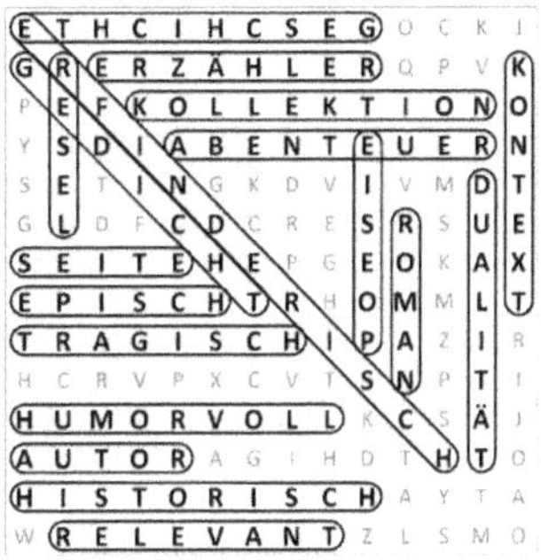

6 - Meditation

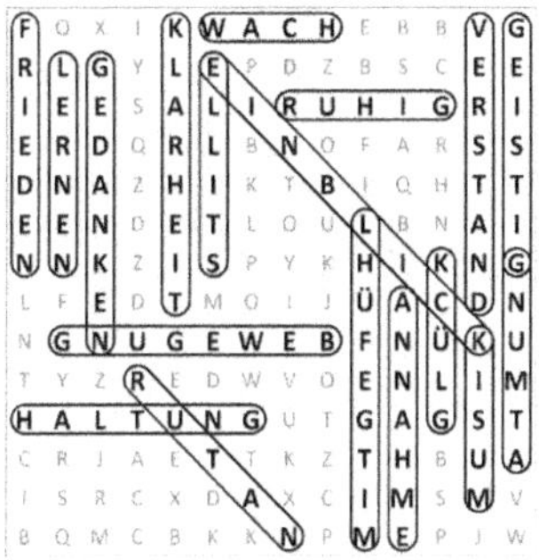

7 - Days and Months

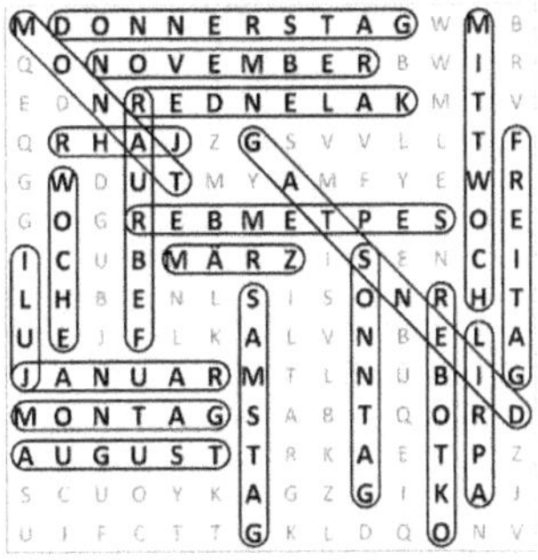

8 - Energy

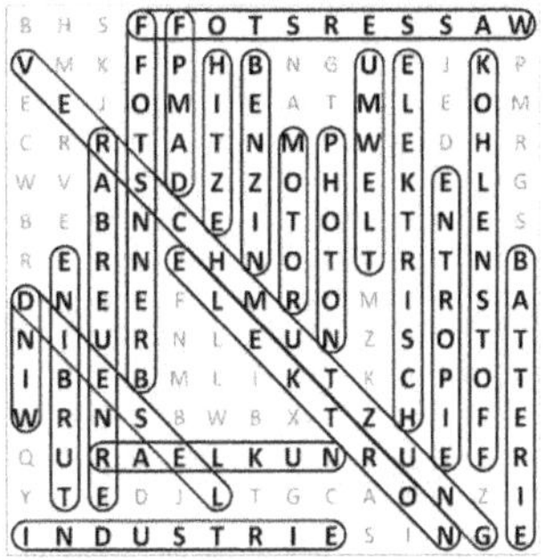

9 - Chess

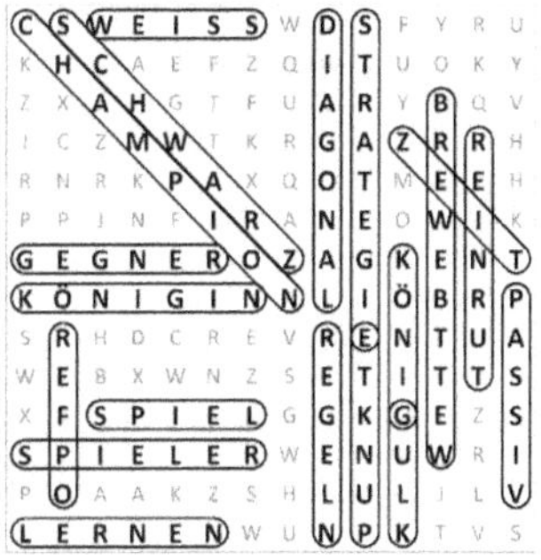

10 - Archeology

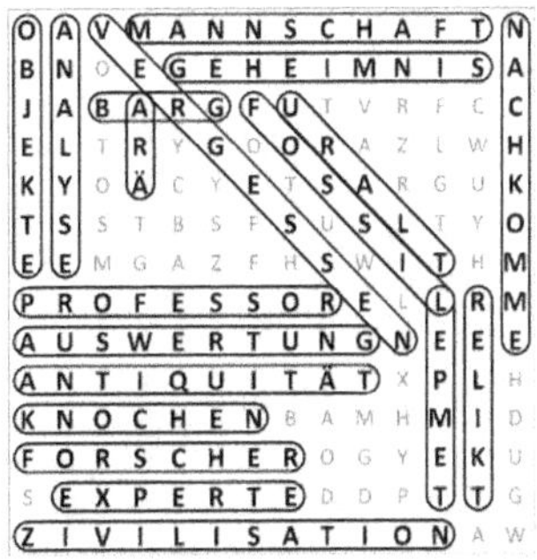

11 - Food #2

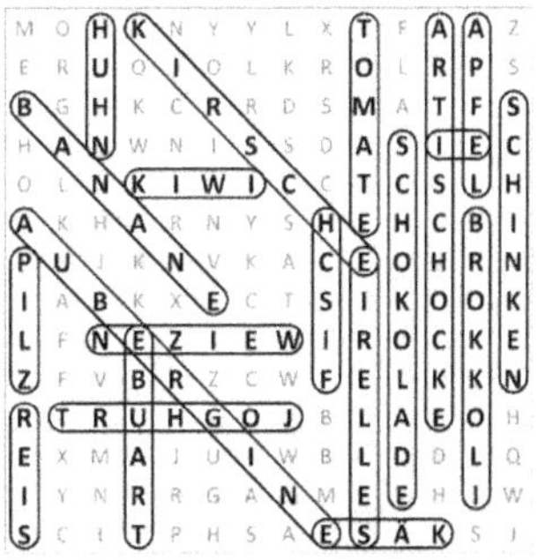

12 - Chemistry

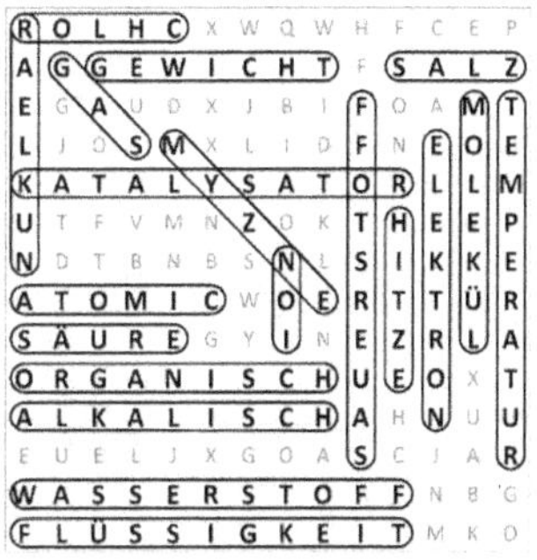

13 - Music

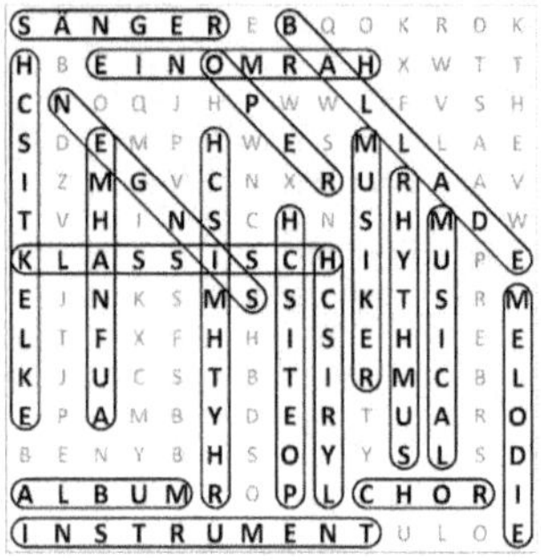

14 - Family

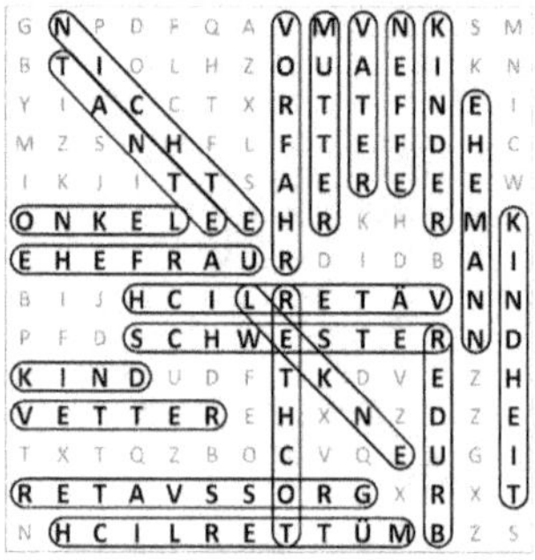

15 - Farm #1

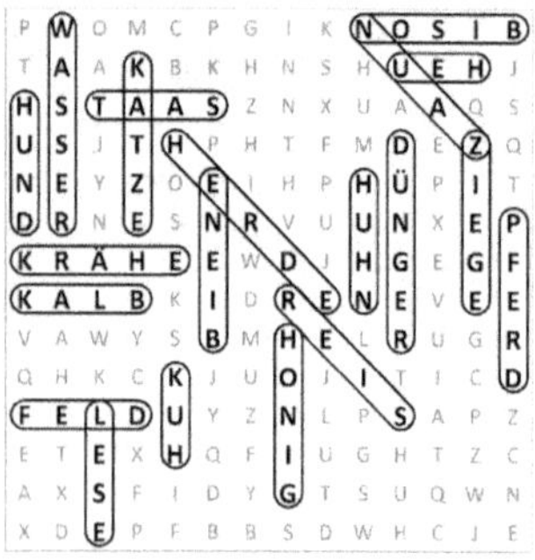

16 - Camping

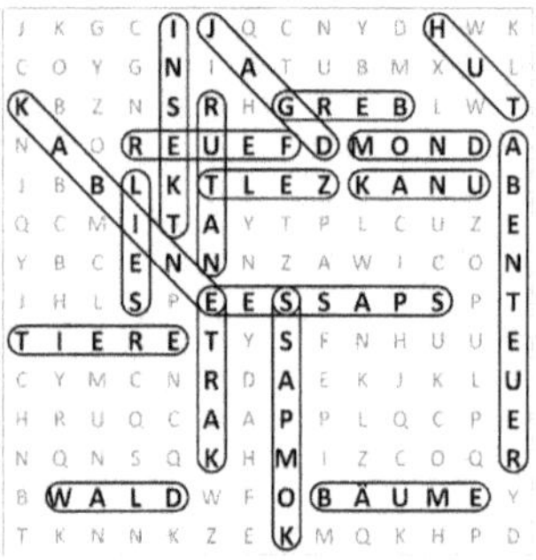

17 - Algebra

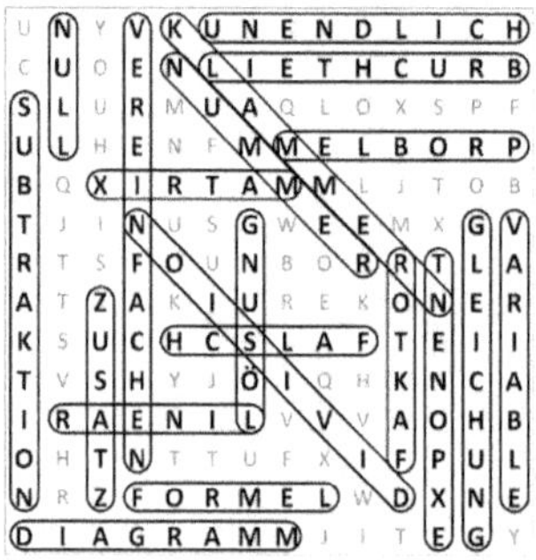

18 - Numbers

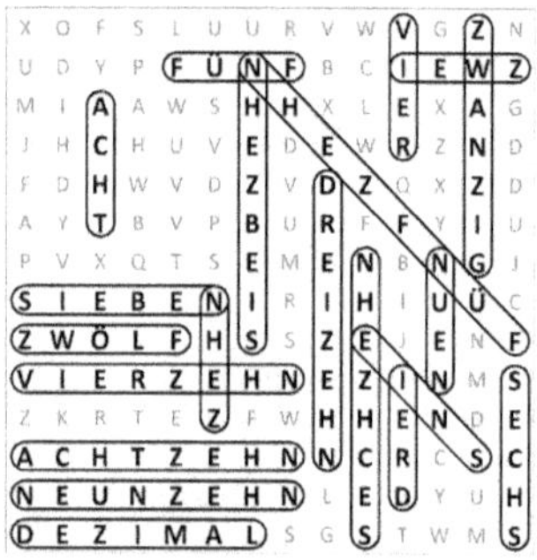

19 - Spices

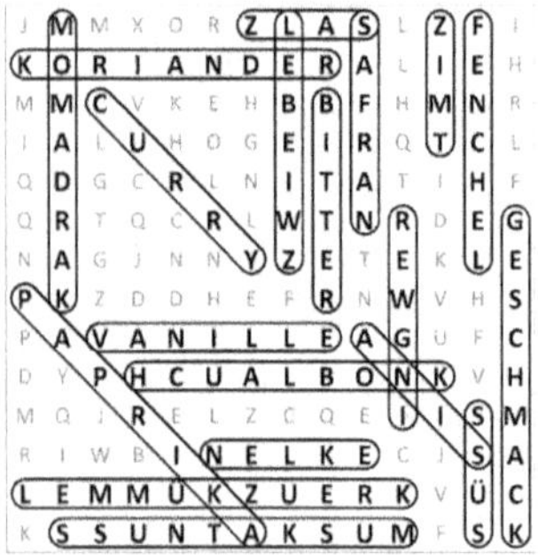

20 - Universe

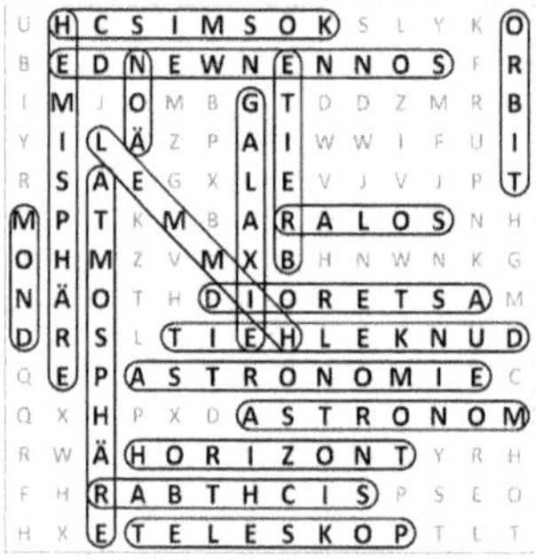

21 - Mammals

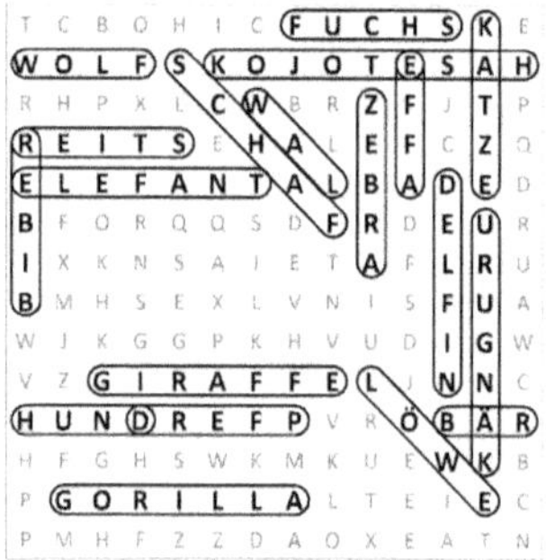

22 - Fishing

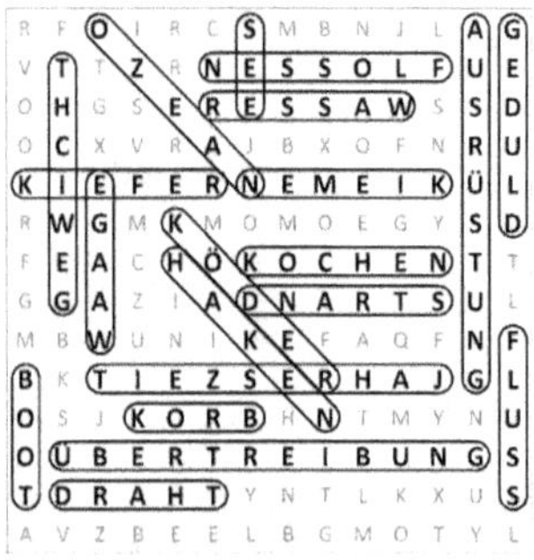

23 - Bees

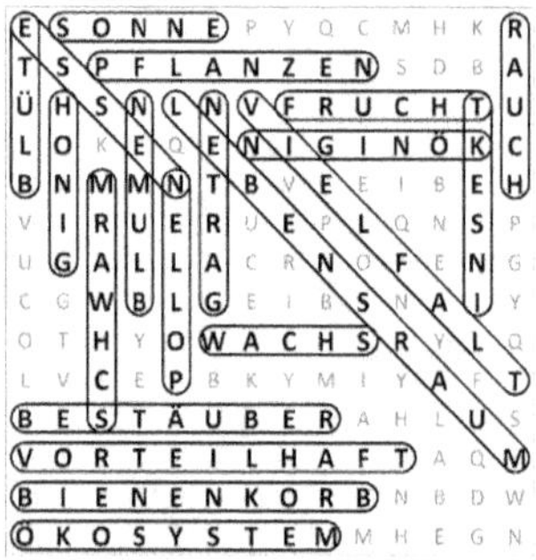

24 - Weather

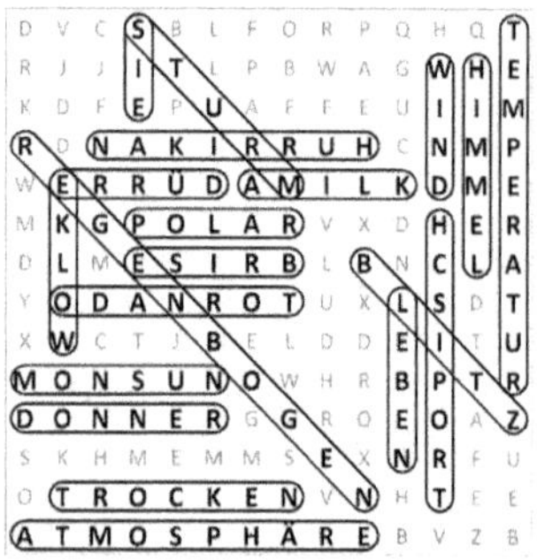

25 - Adventure

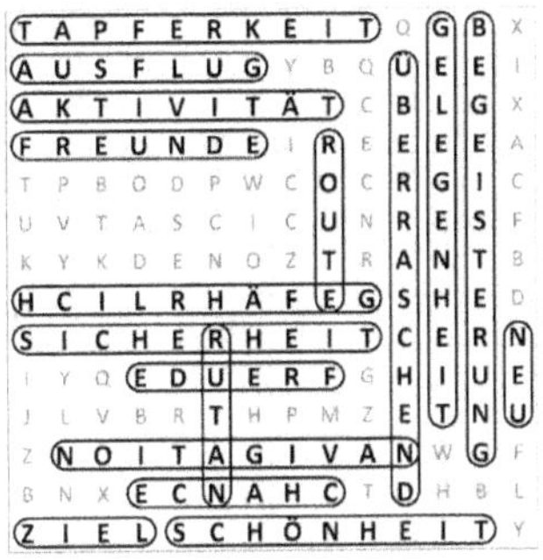

26 - Sport

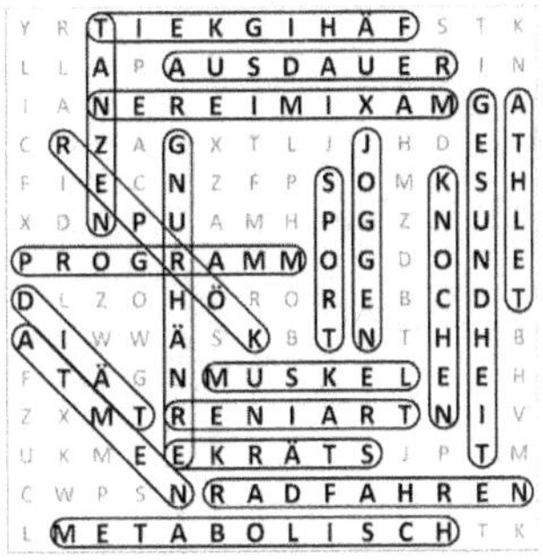

27 - Circus

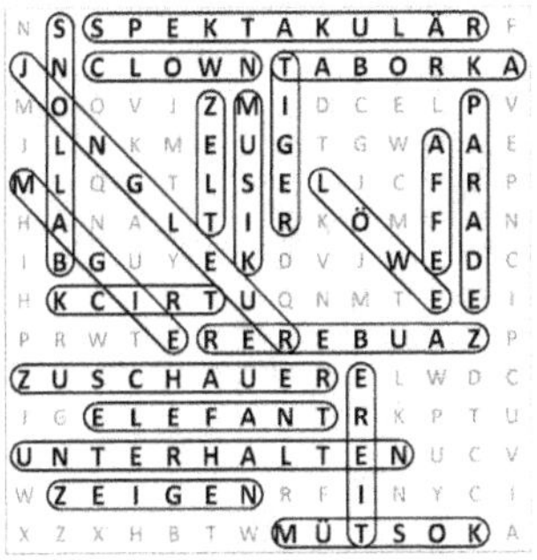

28 - Restaurant #2

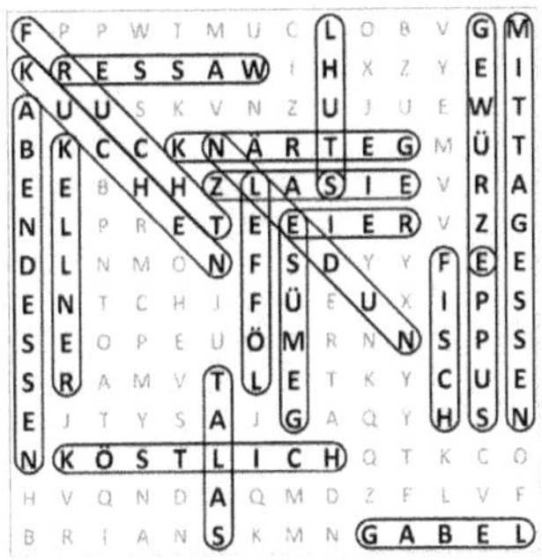

29 - Geology

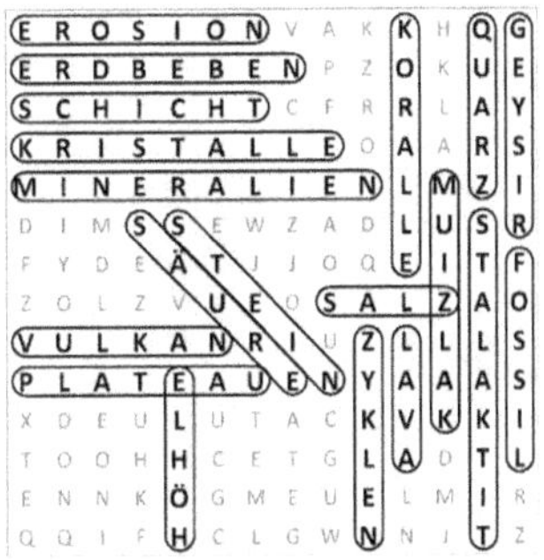

30 - House

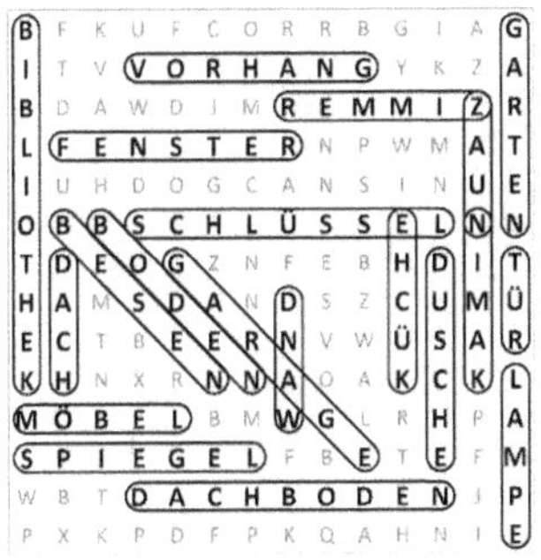

31 - Physics

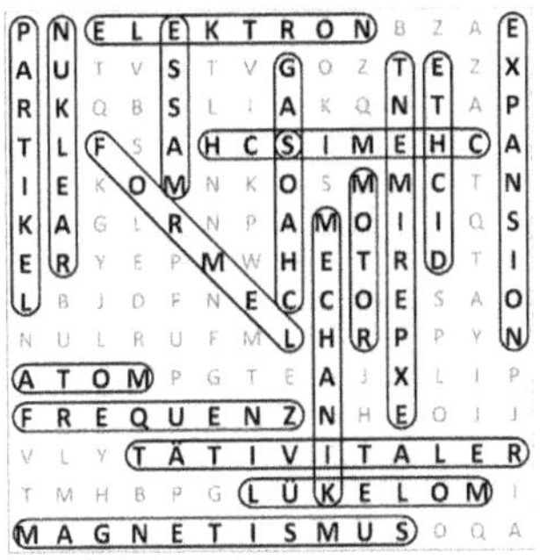

32 - Dance

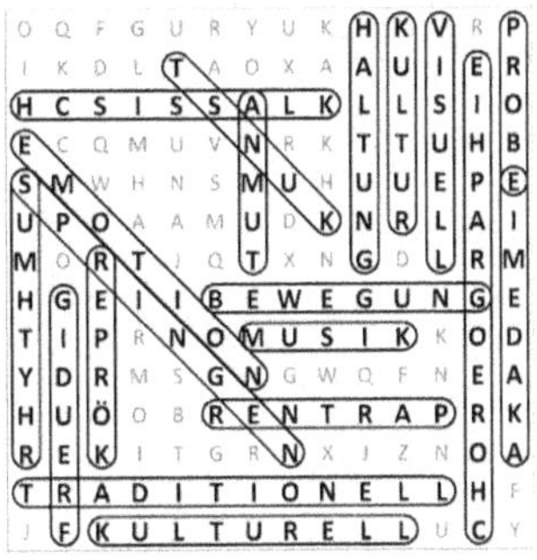

33 - Coffee

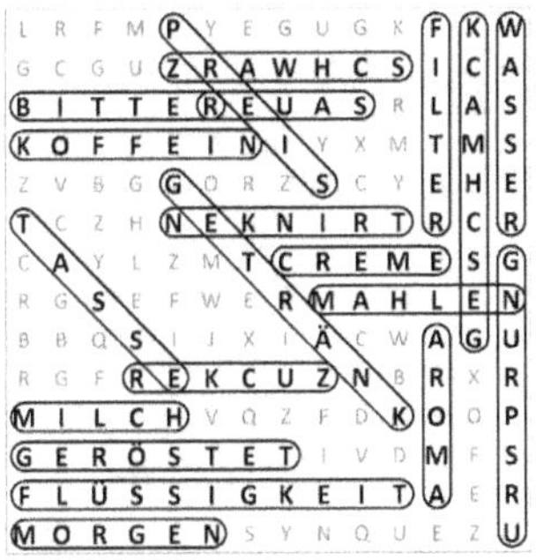

34 - Colors

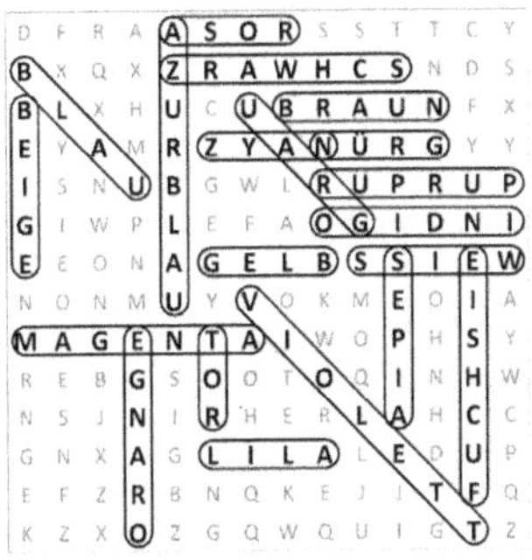

35 - Shapes

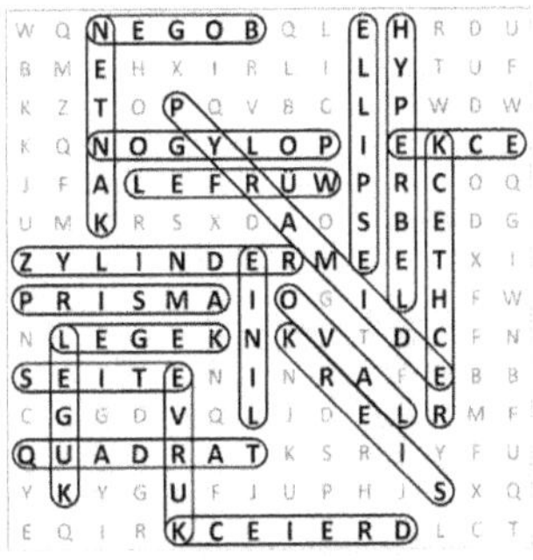

36 - Scientific Disciplines

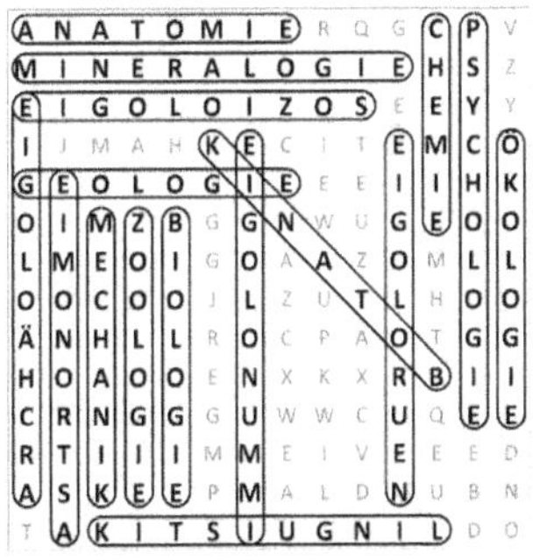

37 - Beauty

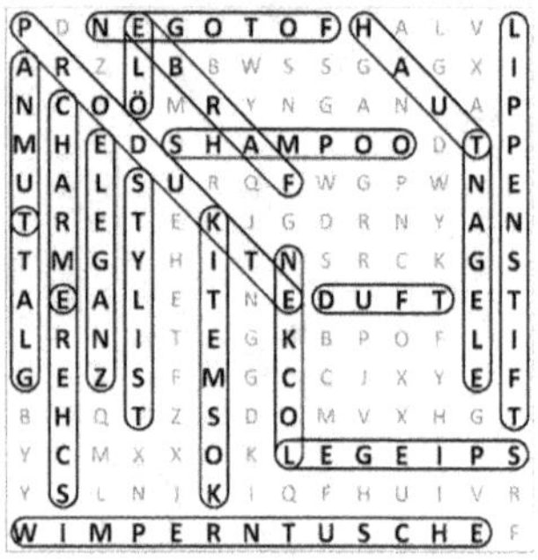

38 - To Fill

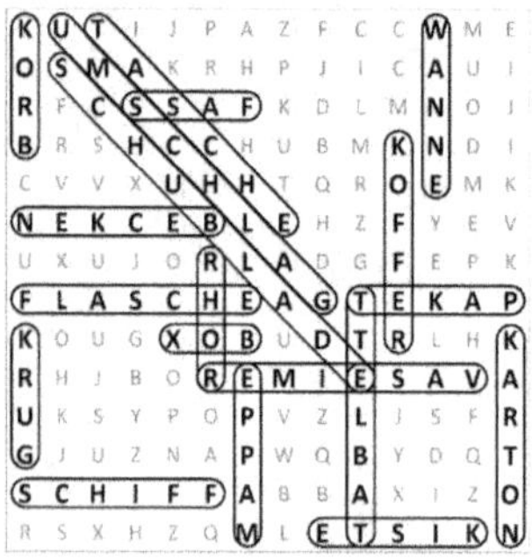

39 - Clothes

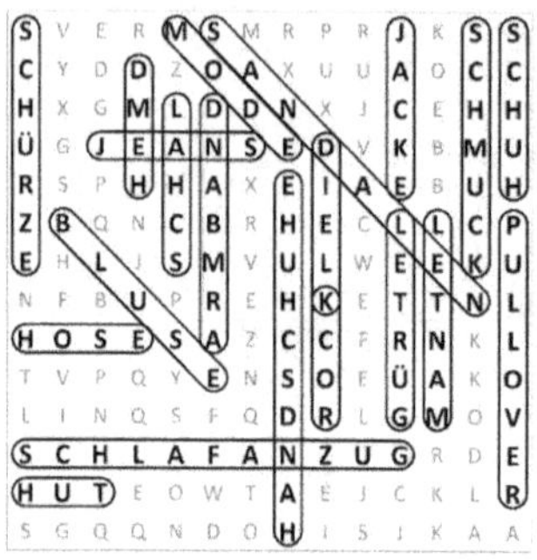

40 - Astronomy

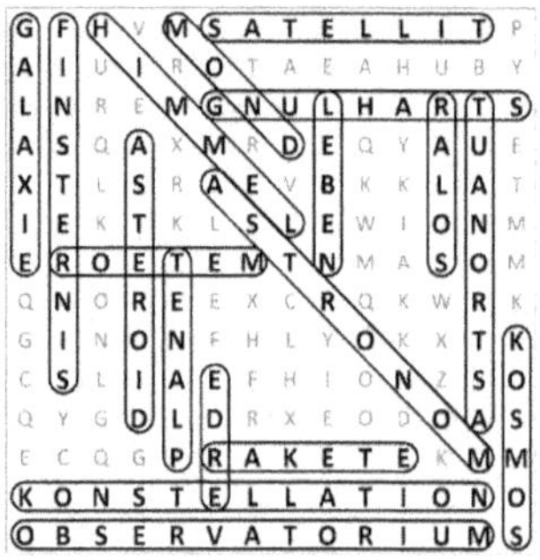

41 - Health and Wellness #2

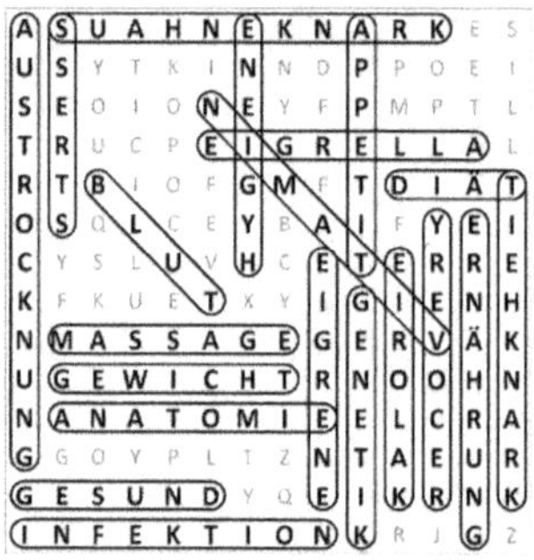

42 - Time

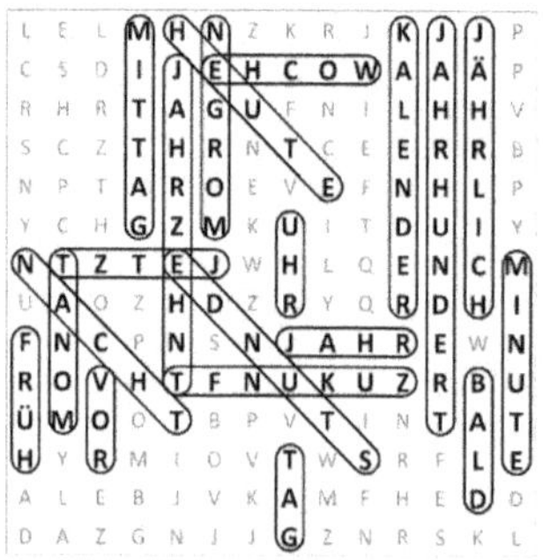

43 - Buildings

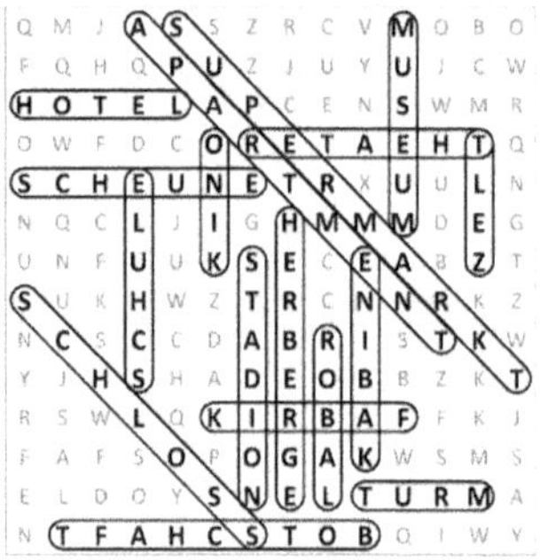

44 - Herbalism

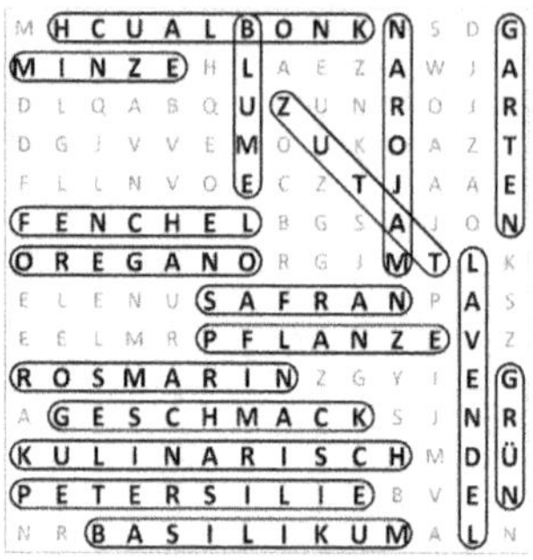

45 - Vehicles

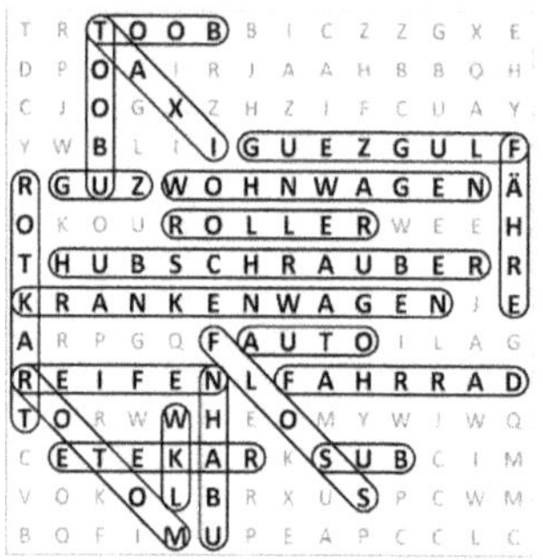

46 - Flowers

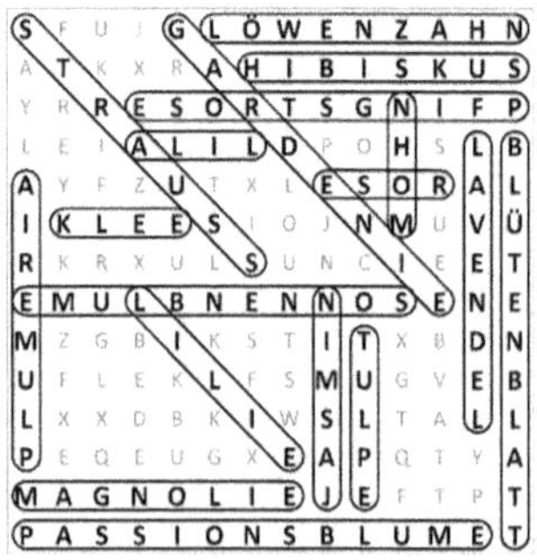

47 - Health and Wellness #1

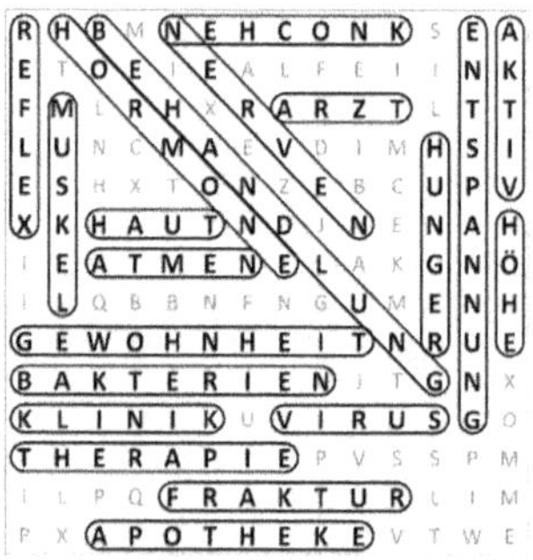

48 - Town

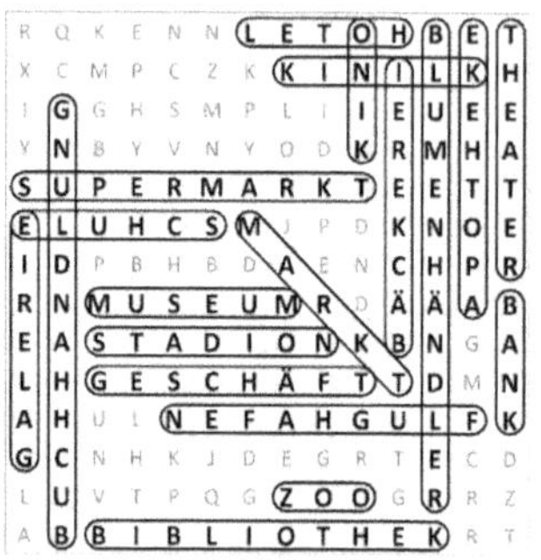

49 - Antarctica

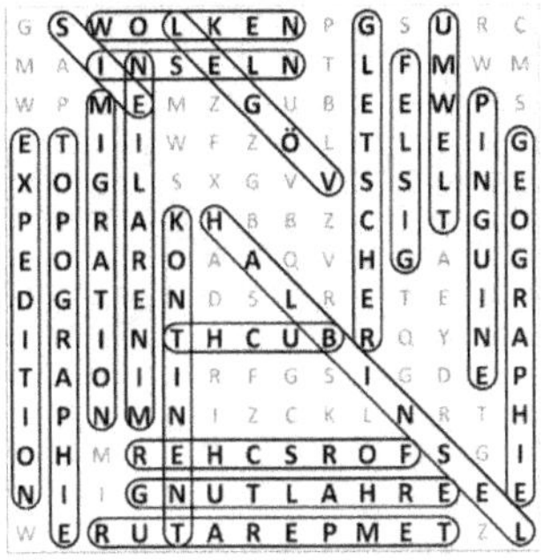

50 - Ballet

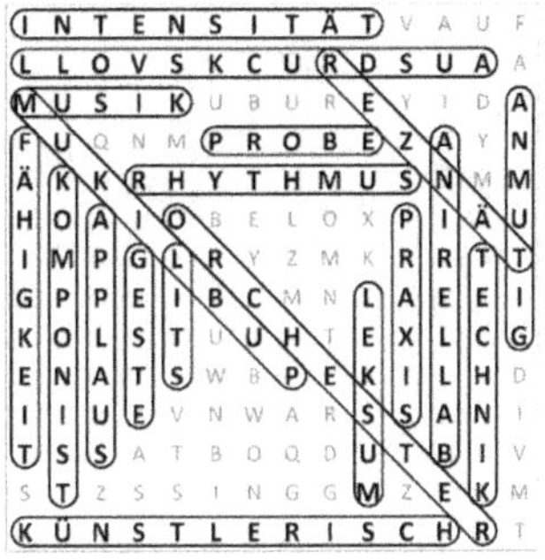

51 - Fashion

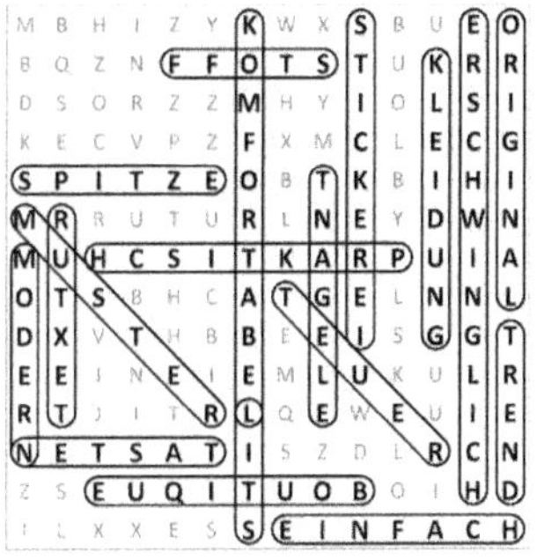

52 - Human Body

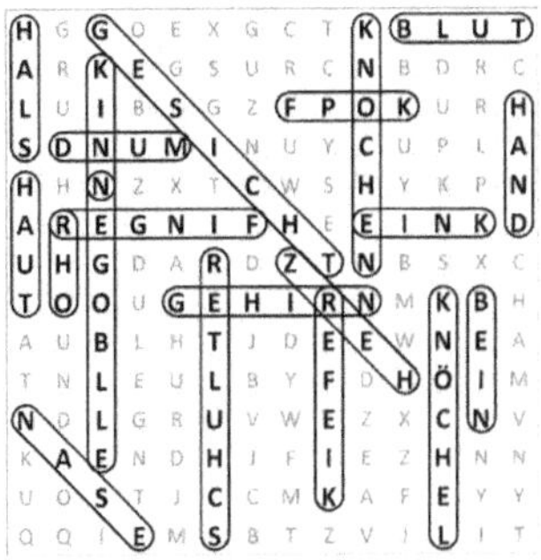

53 - Musical Instruments

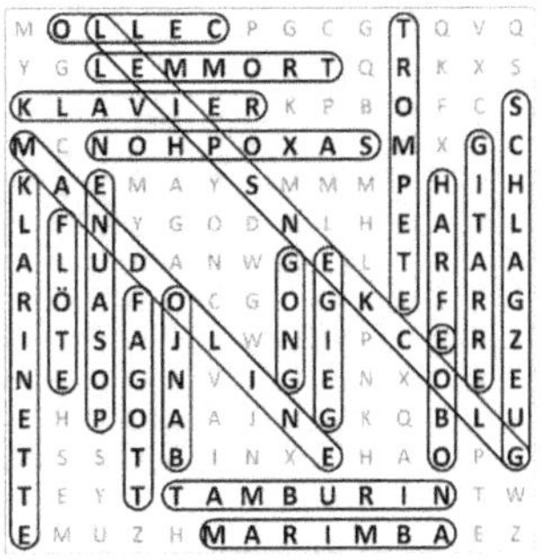

54 - Fruit

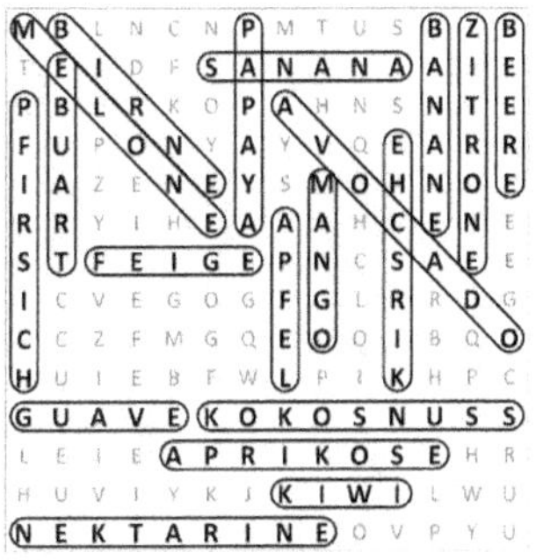

55 - Engineering

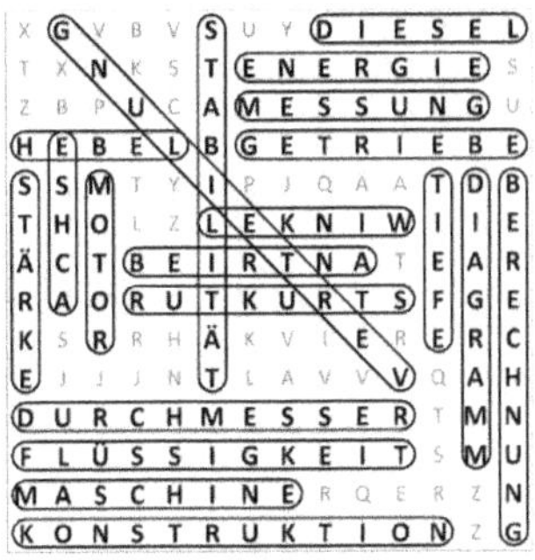

56 - Government

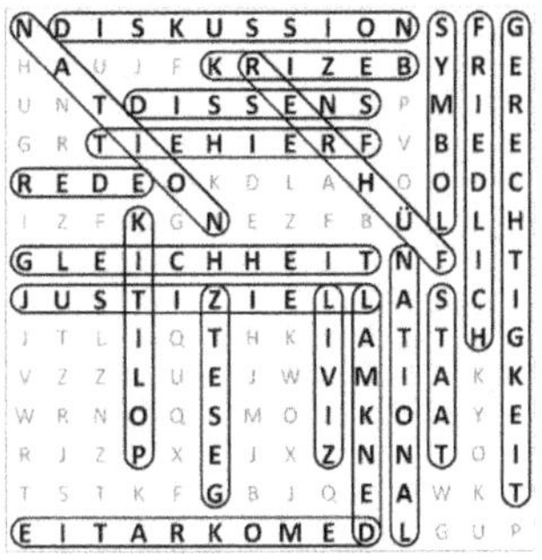

57 - Art Supplies

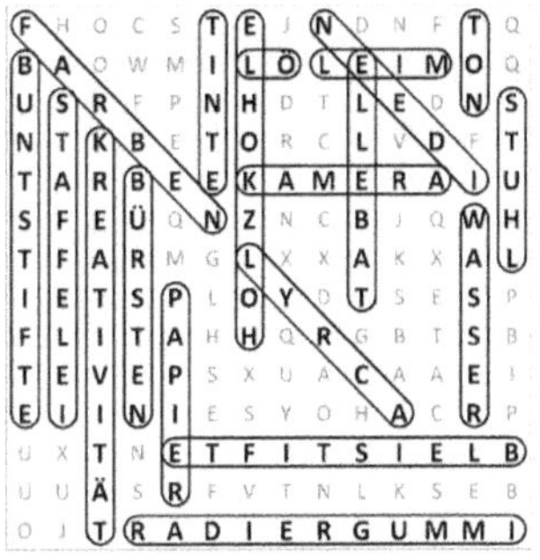

58 - Science Fiction

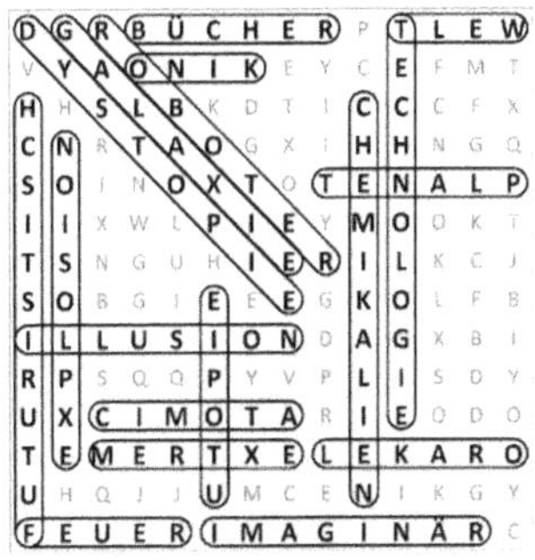

59 - Geometry

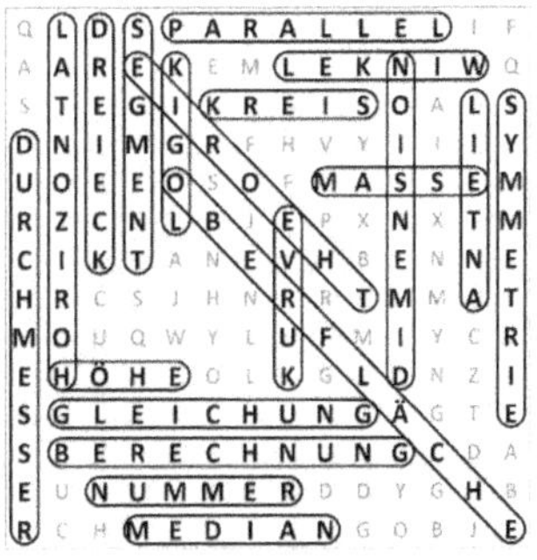

60 - Creativity

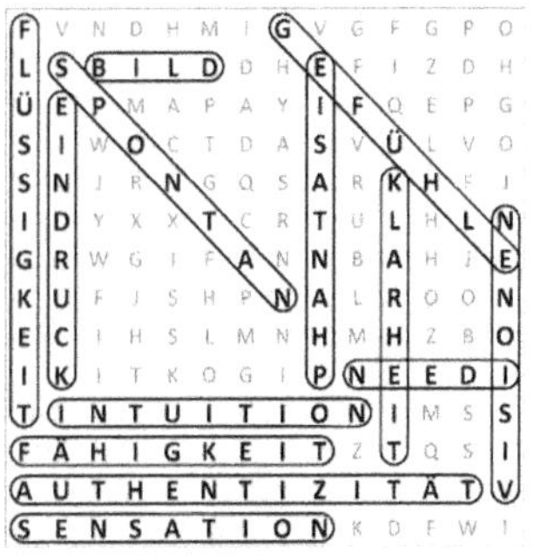

61 - Airplanes

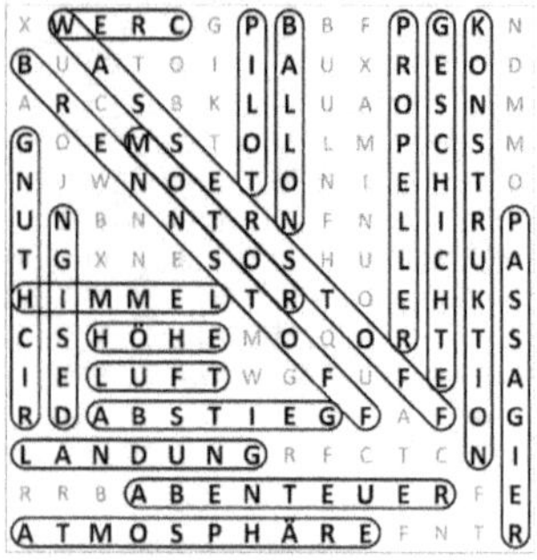

62 - Ocean

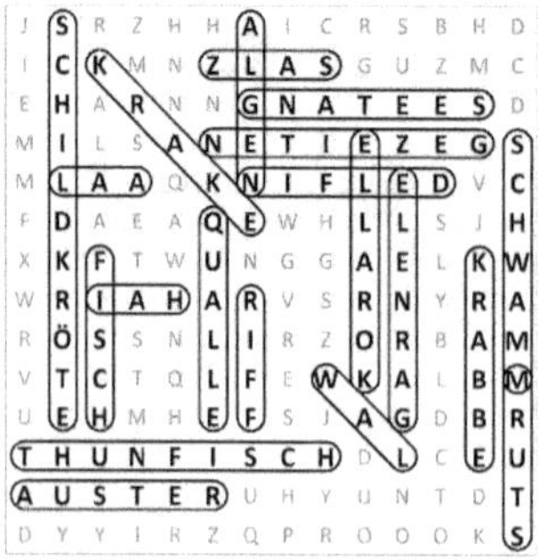

63 - Birds

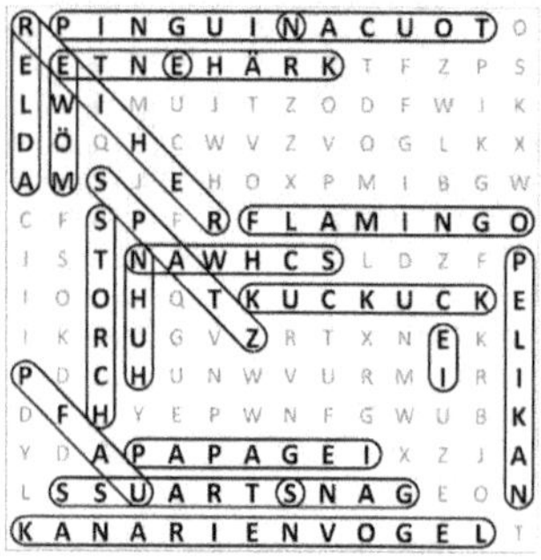

64 - Nutrition

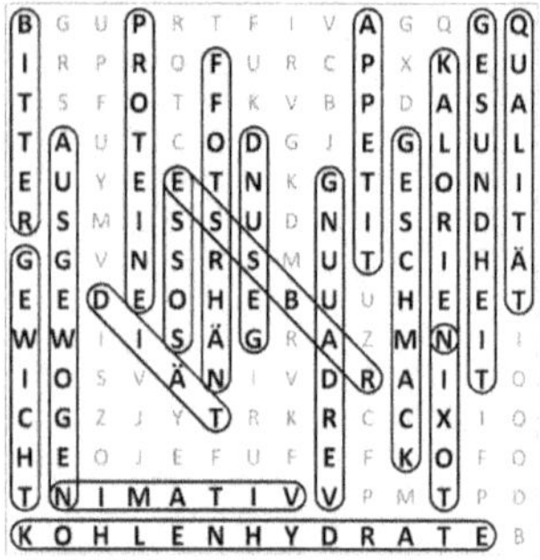

65 - Hiking

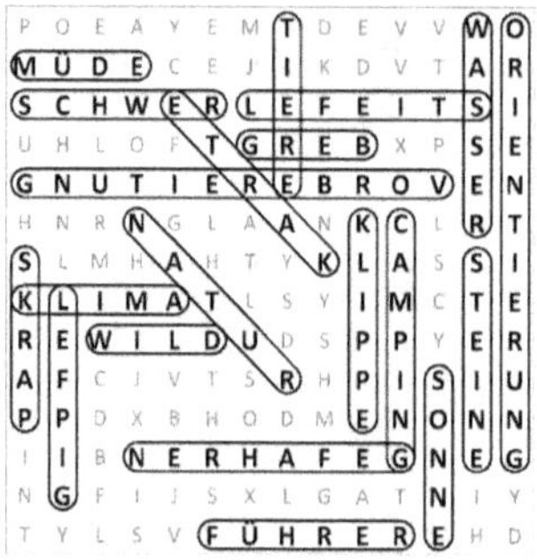

66 - Professions #1

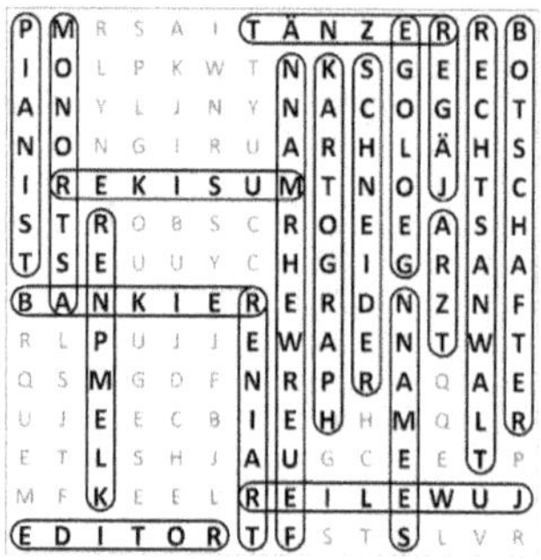

67 - Barbecues

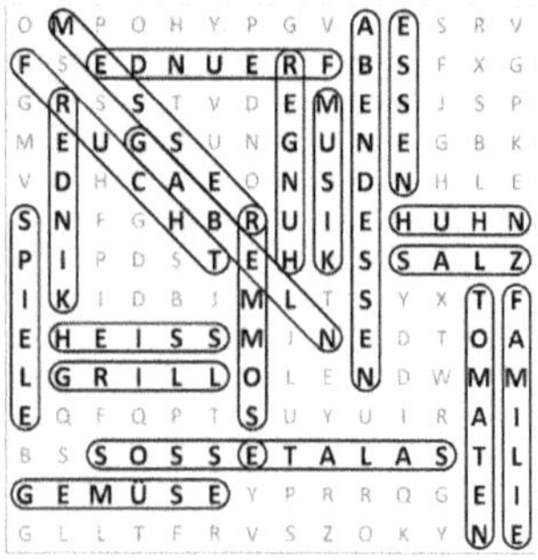

68 - Chocolate

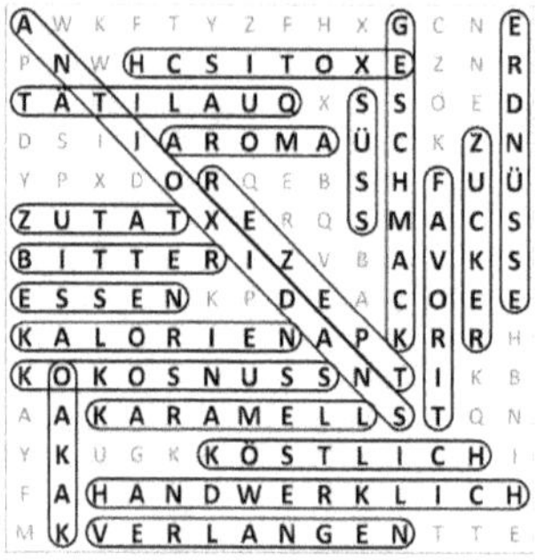

69 - Vegetables

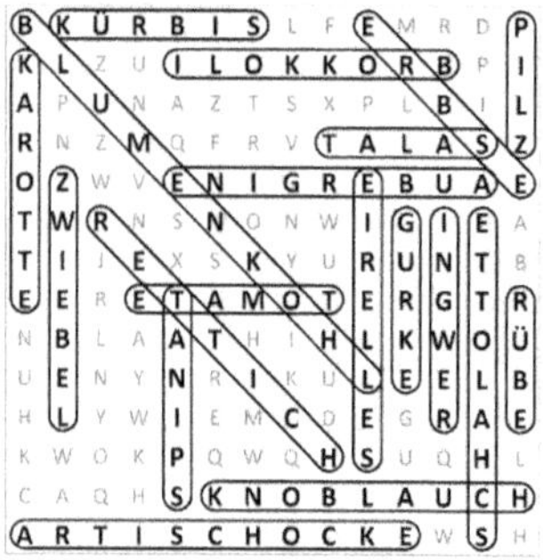

70 - Boats

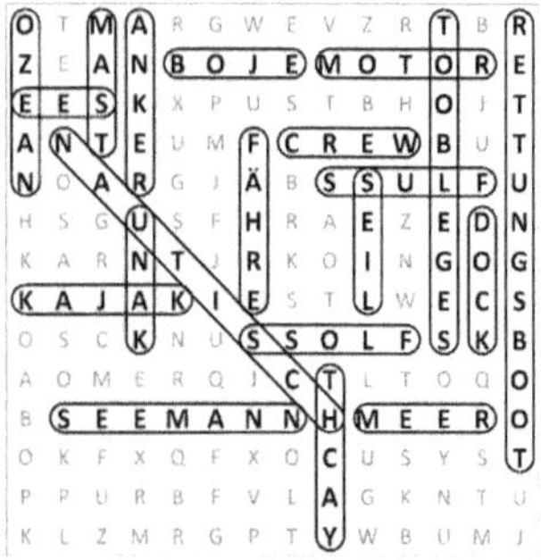

71 - Activities and Leisure

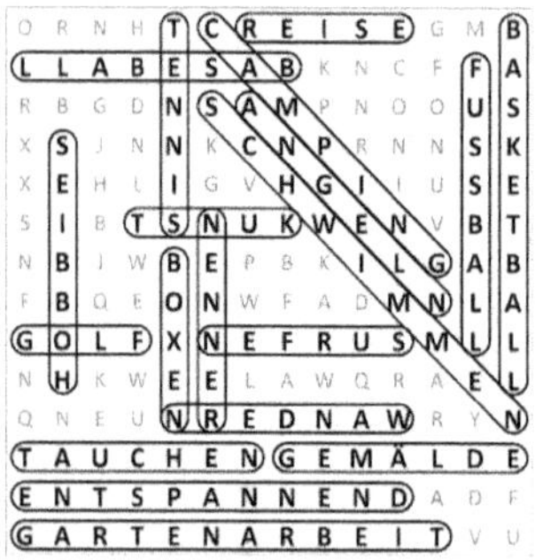

72 - Driving

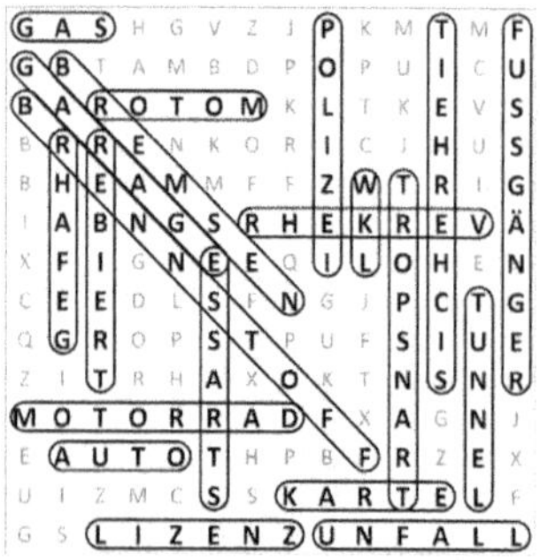

73 - Professions #2

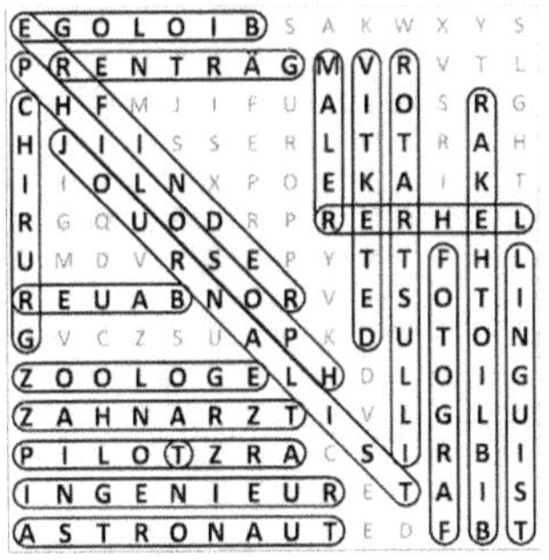

74 - Emotions

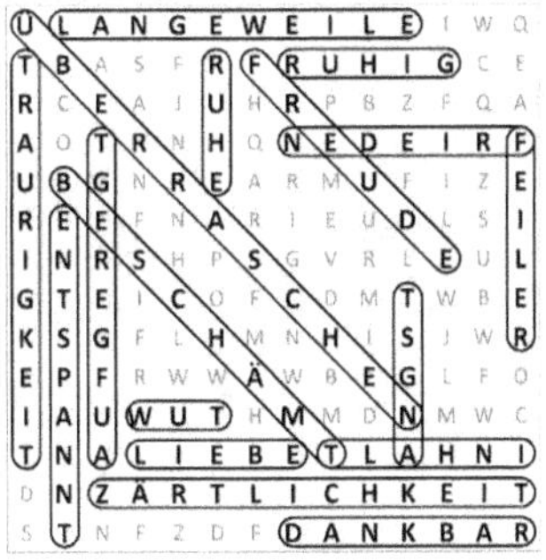

75 - Mythology

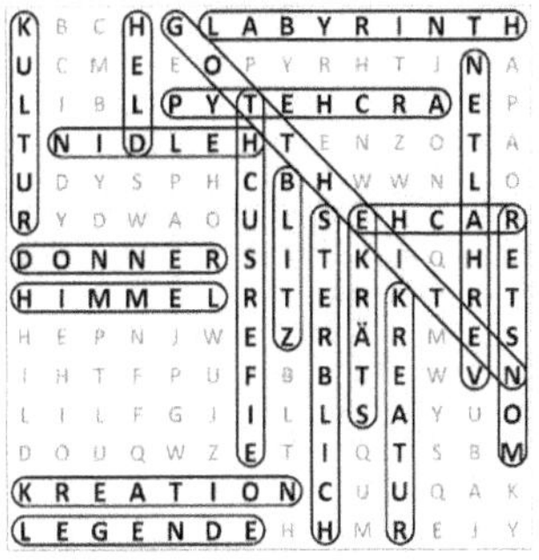

76 - Hair Types

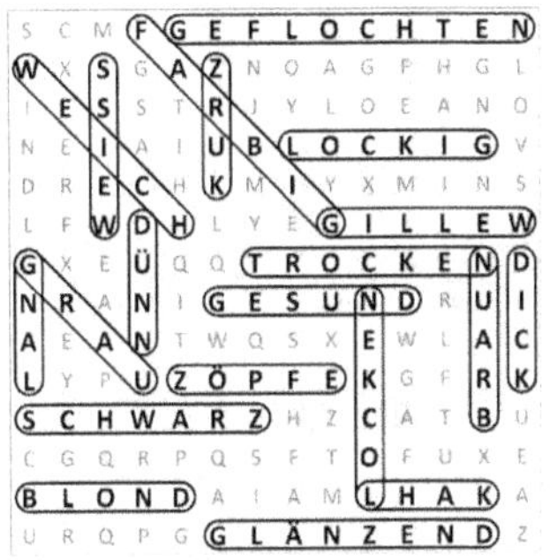

77 - Garden

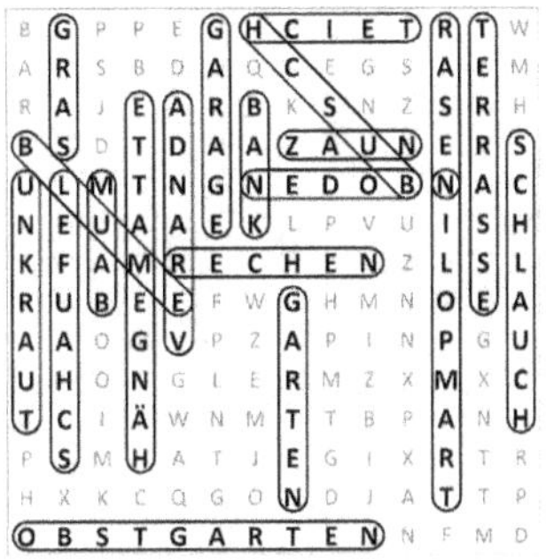

78 - Diplomacy

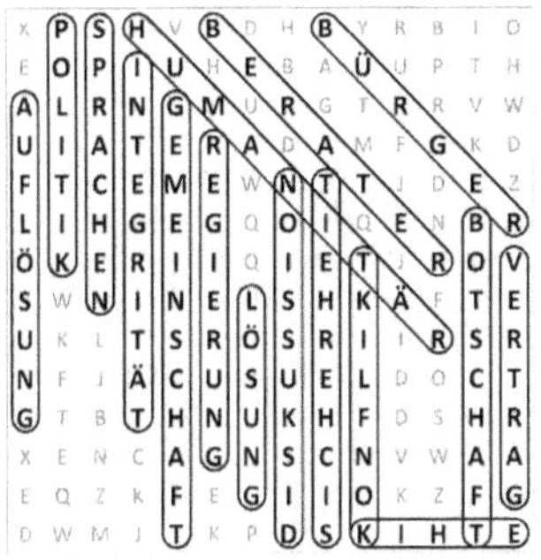

79 - Countries #1

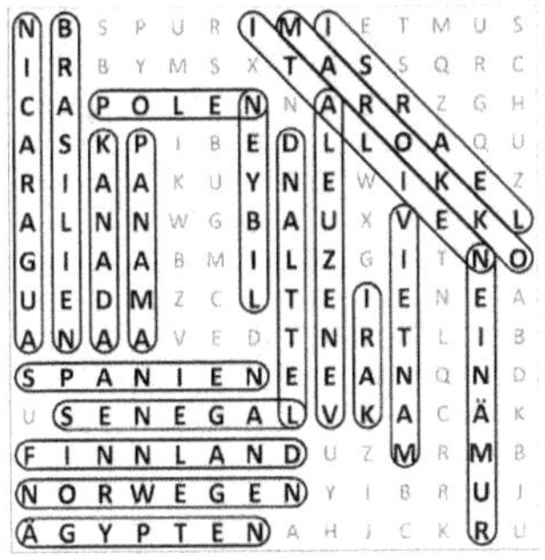

80 - Adjectives #1

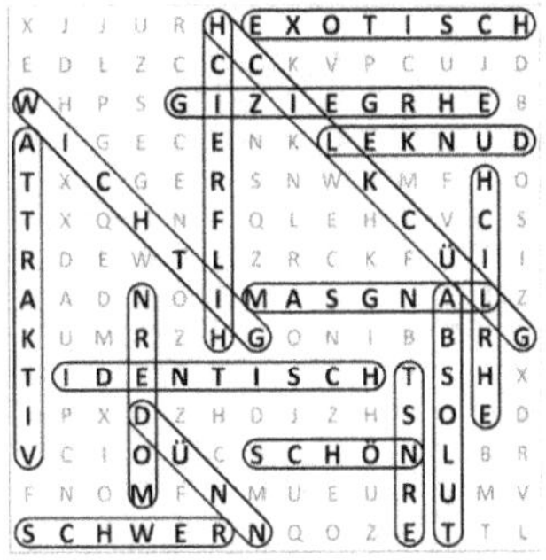

81 - Technology

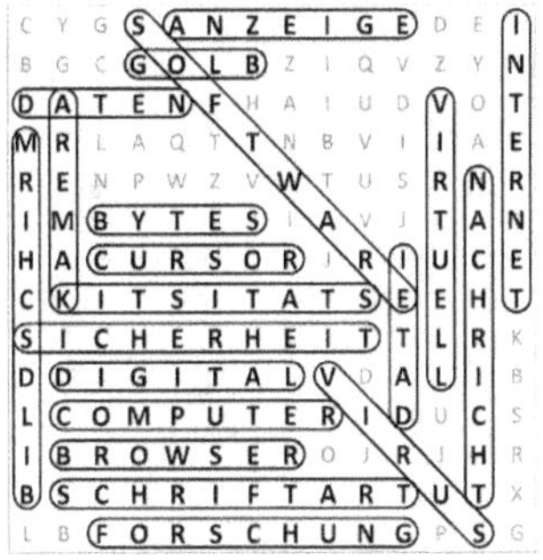

82 - Landscapes

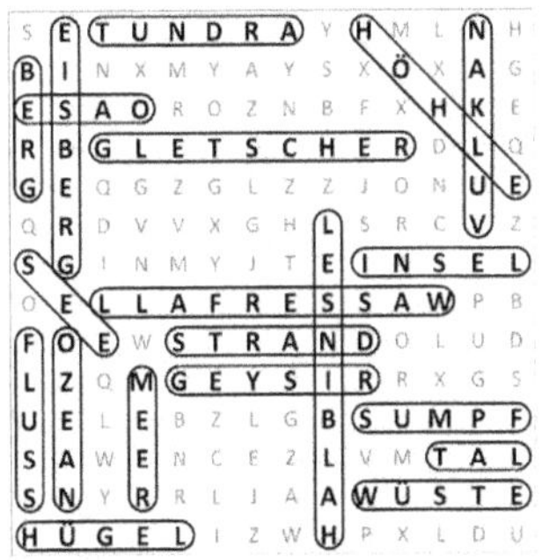

83 - Visual Arts

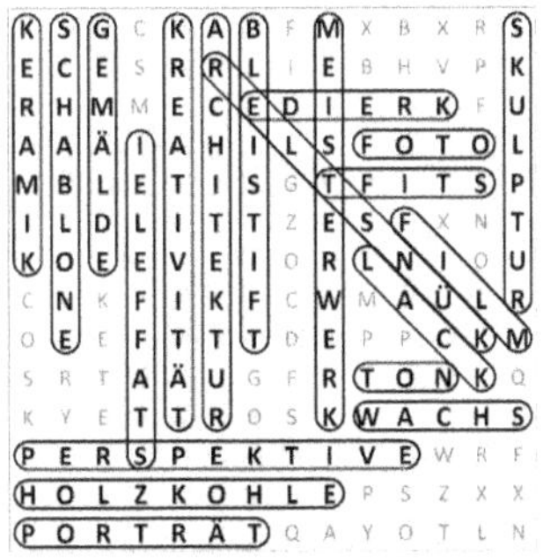

84 - Plants

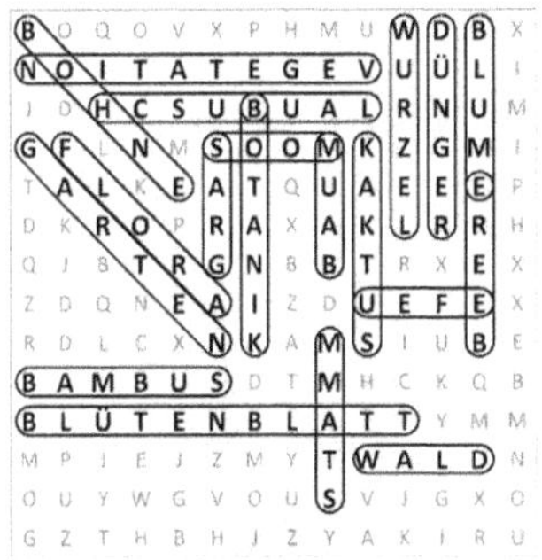

85 - Boxing

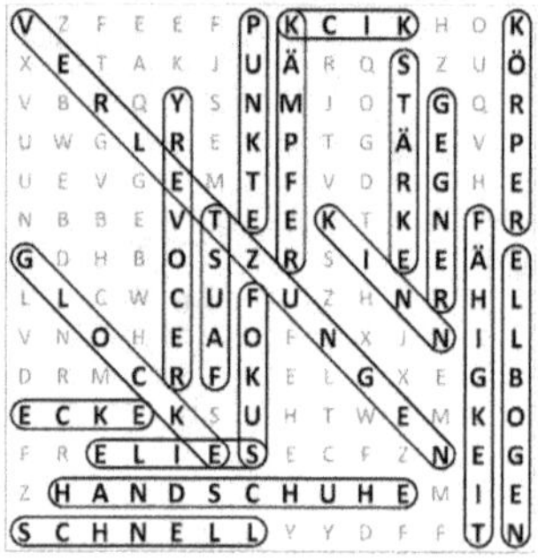

86 - Countries #2

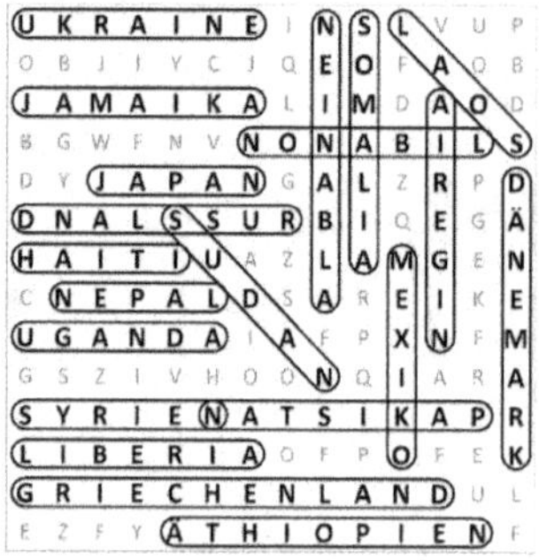

87 - Ecology

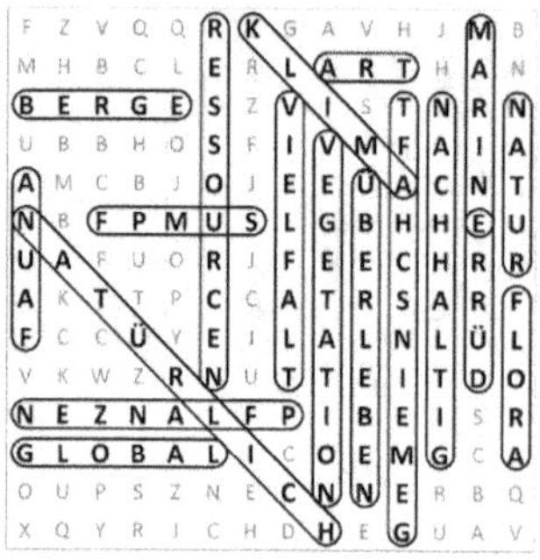

88 - Adjectives #2

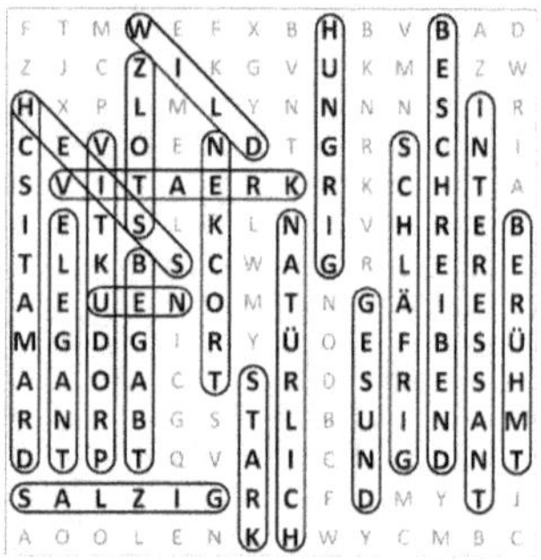

89 - Math

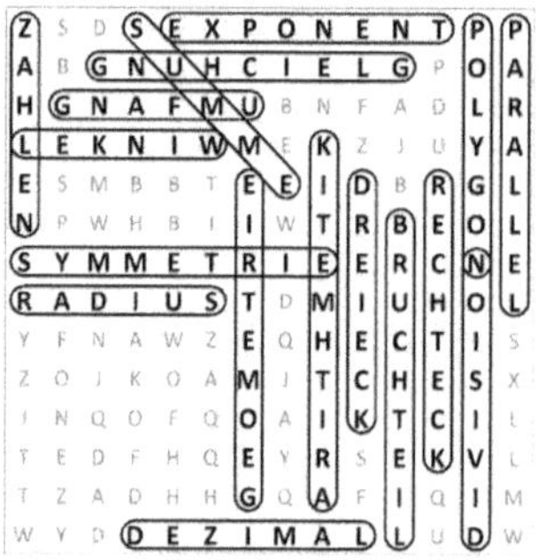

90 - Water

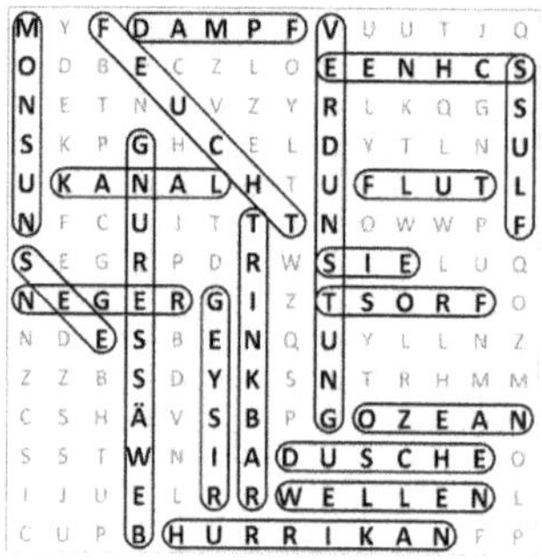

91 - Activities

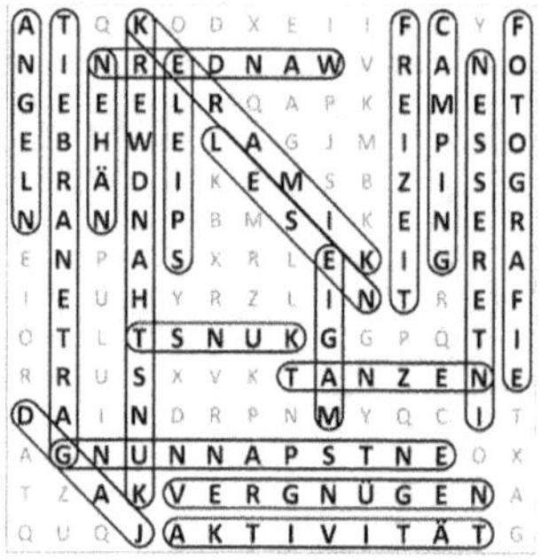

92 - Business

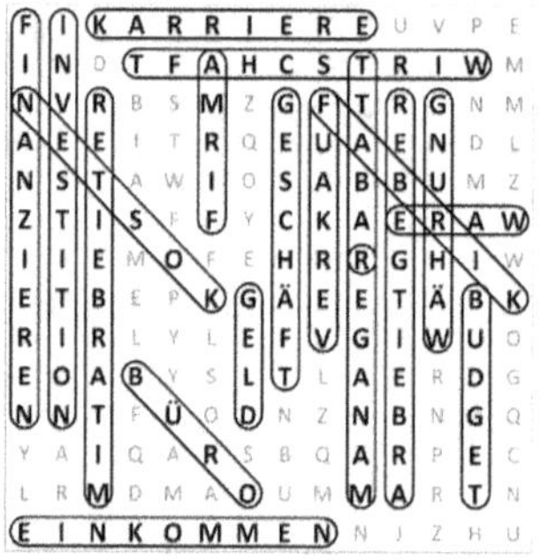

93 - The Company

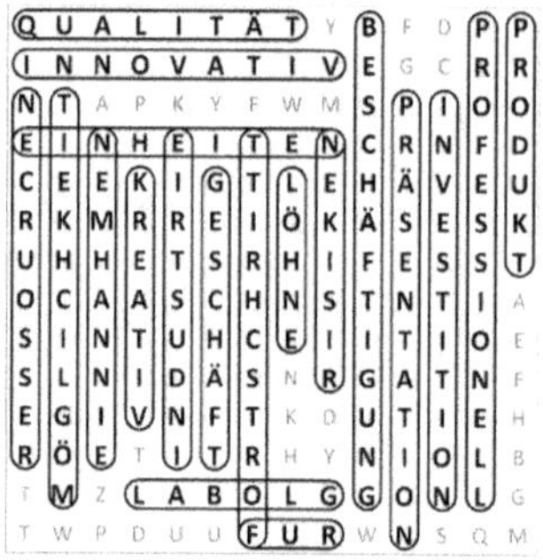

94 - Literature

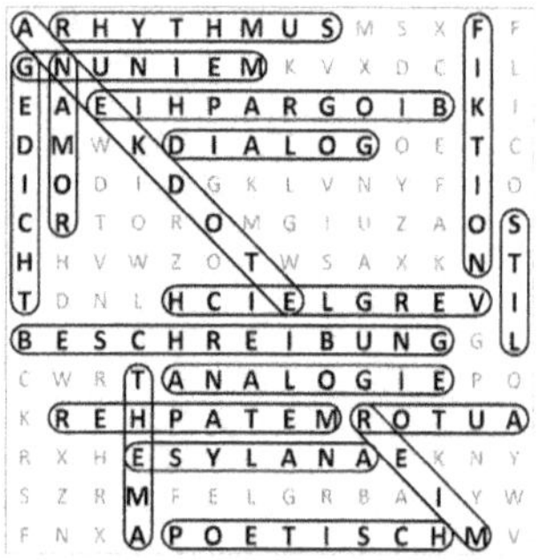

95 - Geography

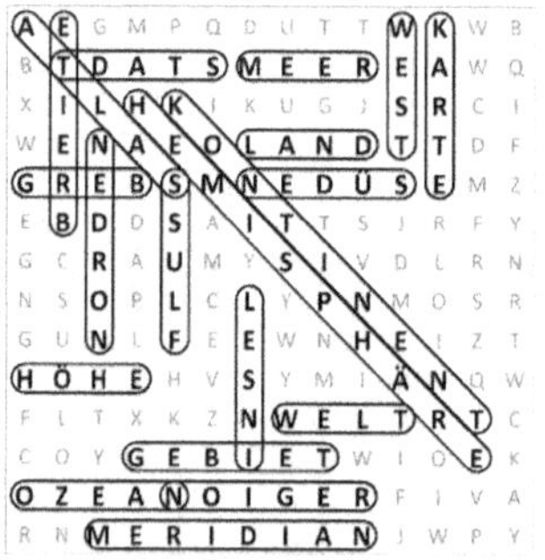

96 - Pets

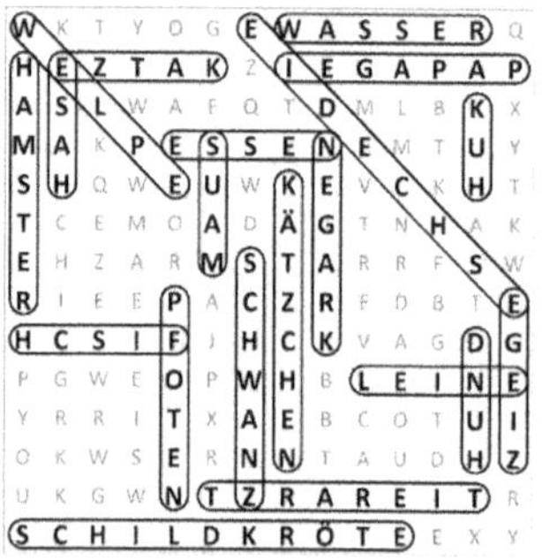

97 - Jazz

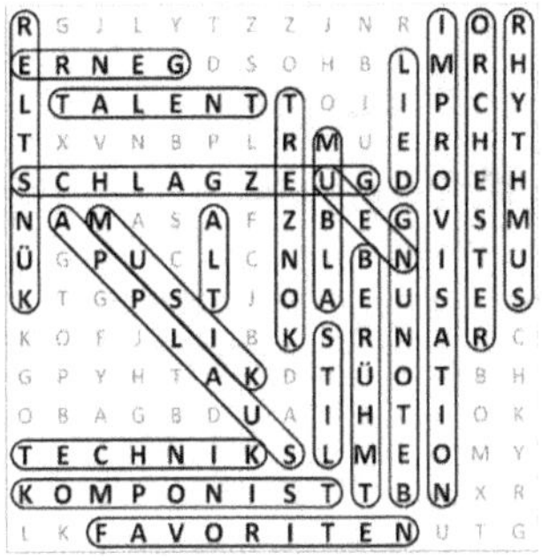

98 - Nature

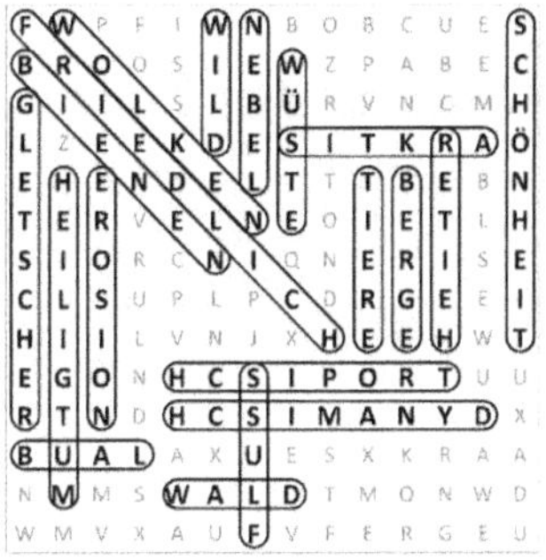

99 - Vacation #2

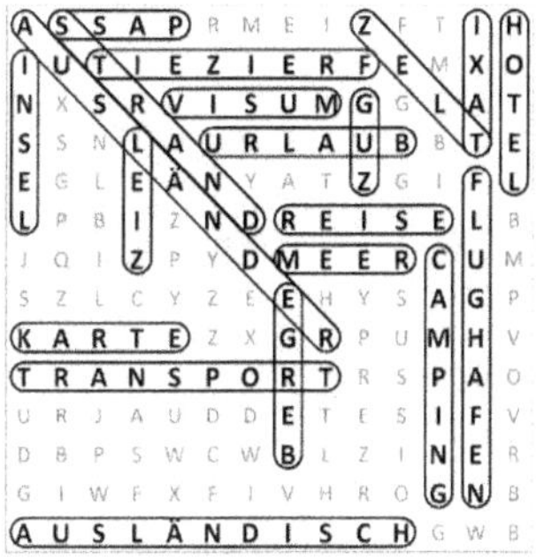

100 - Electricity

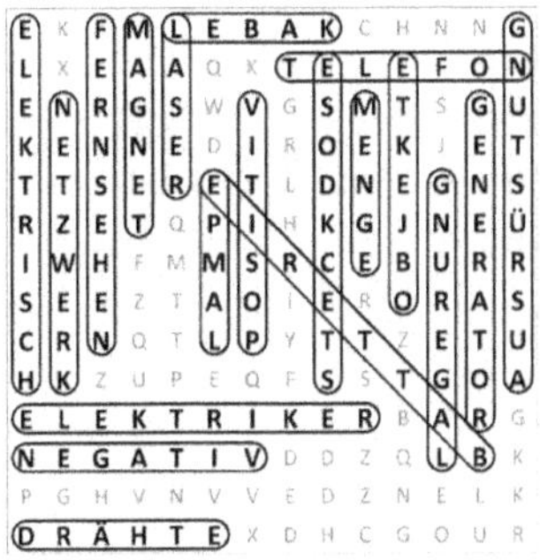

Dictionary

Activities
Aktivitäten

Activity	Aktivität
Art	Kunst
Camping	Camping
Ceramics	Keramik
Crafts	Kunsthandwerk
Dancing	Tanzen
Fishing	Angeln
Games	Spiele
Gardening	Gartenarbeit
Hiking	Wandern
Hunting	Jagd
Interests	Interessen
Leisure	Freizeit
Magic	Magie
Photography	Fotografie
Pleasure	Vergnügen
Reading	Lesen
Relaxation	Entspannung
Sewing	Nähen
Skill	Fähigkeit

Activities and Leisure
Aktivitäten und Freizeit

Art	Kunst
Baseball	Baseball
Basketball	Basketball
Boxing	Boxen
Camping	Camping
Diving	Tauchen
Fishing	Angeln
Gardening	Gartenarbeit
Golf	Golf
Hiking	Wandern
Hobbies	Hobbies
Painting	Gemälde
Racing	Rennen
Relaxing	Entspannend
Soccer	Fussball
Surfing	Surfen
Swimming	Schwimmen
Tennis	Tennis
Travel	Reise
Volleyball	Volleyball

Adjectives #1
Adjektive #1

Absolute	Absolut
Ambitious	Ehrgeizig
Aromatic	Aromatisch
Artistic	Künstlerisch
Attractive	Attraktiv
Beautiful	Schön
Dark	Dunkel
Exotic	Exotisch
Generous	Grosszügig
Happy	Glücklich
Heavy	Schwer
Helpful	Hilfreich
Honest	Ehrlich
Identical	Identisch
Important	Wichtig
Modern	Modern
Serious	Ernst
Slow	Langsam
Thin	Dünn
Valuable	Wertvoll

Adjectives #2
Adjektive #2

Authentic	Authentisch
Creative	Kreativ
Descriptive	Beschreibend
Dramatic	Dramatisch
Dry	Trocken
Elegant	Elegant
Famous	Berühmt
Gifted	Begabt
Healthy	Gesund
Hot	Heiss
Hungry	Hungrig
Interesting	Interessant
Natural	Natürlich
New	Neu
Productive	Produktiv
Proud	Stolz
Salty	Salzig
Sleepy	Schläfrig
Strong	Stark
Wild	Wild

Adventure
Abenteuer

Activity	Aktivität
Beauty	Schönheit
Bravery	Tapferkeit
Chance	Chance
Dangerous	Gefährlich
Destination	Ziel
Difficulty	Schwierigkeit
Enthusiasm	Begeisterung
Excursion	Ausflug
Friends	Freunde
Itinerary	Route
Joy	Freude
Nature	Natur
Navigation	Navigation
New	Neu
Opportunity	Gelegenheit
Preparation	Vorbereitung
Safety	Sicherheit
Surprising	Überraschend
Unusual	Ungewöhnlich

Airplanes
Flugzeuge

Adventure	Abenteuer
Air	Luft
Atmosphere	Atmosphäre
Balloon	Ballon
Construction	Konstruktion
Crew	Crew
Descent	Abstieg
Design	Design
Direction	Richtung
Engine	Motor
Fuel	Brennstoff
Height	Höhe
History	Geschichte
Hydrogen	Wasserstoff
Landing	Landung
Passenger	Passagier
Pilot	Pilot
Propellers	Propeller
Sky	Himmel
Turbulence	Turbulenz

Algebra
Algebra

Addition	Zusatz
Diagram	Diagramm
Division	Division
Equation	Gleichung
Exponent	Exponent
Factor	Faktor
False	Falsch
Formula	Formel
Fraction	Bruchteil
Infinite	Unendlich
Linear	Linear
Matrix	Matrix
Number	Nummer
Parenthesis	Klammern
Problem	Problem
Simplify	Vereinfachen
Solution	Lösung
Subtraction	Subtraktion
Variable	Variable
Zero	Null

Antarctica
Antarktis

Bay	Bucht
Birds	Vögel
Clouds	Wolken
Conservation	Erhaltung
Continent	Kontinent
Environment	Umwelt
Expedition	Expedition
Geography	Geographie
Glaciers	Gletscher
Ice	Eis
Islands	Inseln
Migration	Migration
Minerals	Mineralien
Penguins	Pinguine
Peninsula	Halbinsel
Researcher	Forscher
Rocky	Felsig
Temperature	Temperatur
Topography	Topographie
Water	Wasser

Antiques
Antiquitäten

Art	Kunst
Auction	Versteigerung
Authentic	Authentisch
Century	Jahrhundert
Coins	Münzen
Collector	Sammler
Decorative	Dekorativ
Elegant	Elegant
Furniture	Möbel
Gallery	Galerie
Investment	Investition
Jewelry	Schmuck
Old	Alt
Price	Preis
Quality	Qualität
Sculpture	Skulptur
Style	Stil
To Sell	Verkaufen
Unusual	Ungewöhnlich
Value	Wert

Archeology
Archäologie

Analysis	Analyse
Ancient	Uralt
Antiquity	Antiquität
Bones	Knochen
Civilization	Zivilisation
Descendant	Nachkomme
Era	Ära
Evaluation	Auswertung
Expert	Experte
Forgotten	Vergessen
Fossil	Fossil
Mystery	Geheimnis
Objects	Objekte
Professor	Professor
Relic	Relikt
Researcher	Forscher
Team	Mannschaft
Temple	Tempel
Tomb	Grab
Unknown	Unbekannt

Art Supplies
Kunst Liefert

Acrylic	Acryl
Brushes	Bürsten
Camera	Kamera
Chair	Stuhl
Charcoal	Holzkohle
Clay	Ton
Colors	Farben
Crayons	Buntstifte
Creativity	Kreativität
Easel	Staffelei
Eraser	Radiergummi
Glue	Leim
Ideas	Ideen
Ink	Tinte
Oil	Öl
Paper	Papier
Pencils	Bleistifte
Table	Tabelle
Water	Wasser

Astronomy
Astronomie

Asteroid	Asteroid
Astronaut	Astronaut
Astronomer	Astronom
Constellation	Konstellation
Cosmos	Kosmos
Earth	Erde
Eclipse	Finsternis
Galaxy	Galaxie
Meteor	Meteor
Moon	Mond
Nebula	Nebel
Observatory	Observatorium
Planet	Planet
Radiation	Strahlung
Rocket	Rakete
Satellite	Satellit
Sky	Himmel
Solar	Solar
Supernova	Supernova
Zodiac	Tierkreis

Ballet
Ballett

Applause	Applaus
Artistic	Künstlerisch
Audience	Publikum
Ballerina	Ballerina
Choreography	Choreographie
Composer	Komponist
Dancers	Tänzer
Expressive	Ausdrucksvoll
Gesture	Geste
Graceful	Anmutig
Intensity	Intensität
Muscles	Muskel
Music	Musik
Orchestra	Orchester
Practice	Praxis
Rehearsal	Probe
Rhythm	Rhythmus
Skill	Fähigkeit
Style	Stil
Technique	Technik

Barbecues
Barbecues

Chicken	Huhn
Children	Kinder
Dinner	Abendessen
Family	Familie
Food	Essen
Forks	Gabeln
Friends	Freunde
Fruit	Frucht
Games	Spiele
Grill	Grill
Hot	Heiss
Hunger	Hunger
Knives	Messer
Music	Musik
Salads	Salate
Salt	Salz
Sauce	Sosse
Summer	Sommer
Tomatoes	Tomaten
Vegetables	Gemüse

Beauty
Schönheit

Charm	Charme
Color	Farbe
Cosmetics	Kosmetik
Curls	Locken
Elegance	Eleganz
Elegant	Elegant
Fragrance	Duft
Grace	Anmut
Lipstick	Lippenstift
Mascara	Wimperntusche
Mirror	Spiegel
Oils	Öle
Photogenic	Fotogen
Products	Produkte
Scissors	Schere
Shampoo	Shampoo
Skin	Haut
Smooth	Glatt
Stylist	Stylist

Bees
Bienen

Beneficial	Vorteilhaft
Blossom	Blüte
Diversity	Vielfalt
Ecosystem	Ökosystem
Flowers	Blumen
Food	Essen
Fruit	Frucht
Garden	Garten
Habitat	Lebensraum
Hive	Bienenkorb
Honey	Honig
Insect	Insekt
Plants	Pflanzen
Pollen	Pollen
Pollinator	Bestäuber
Queen	Königin
Smoke	Rauch
Sun	Sonne
Swarm	Schwarm
Wax	Wachs

Birds
Vögel

Canary	Kanarienvogel
Chicken	Huhn
Crow	Krähe
Cuckoo	Kuckuck
Duck	Ente
Eagle	Adler
Egg	Ei
Flamingo	Flamingo
Goose	Gans
Gull	Möwe
Heron	Reiher
Ostrich	Strauss
Parrot	Papagei
Peacock	Pfau
Pelican	Pelikan
Penguin	Pinguin
Sparrow	Spatz
Stork	Storch
Swan	Schwan
Toucan	Toucan

Boats
Boote

Anchor	Anker
Buoy	Boje
Canoe	Kanu
Crew	Crew
Dock	Dock
Engine	Motor
Ferry	Fähre
Kayak	Kajak
Lake	See
Lifeboat	Rettungsboot
Mast	Mast
Nautical	Nautisch
Ocean	Ozean
Raft	Floss
River	Fluss
Rope	Seil
Sailboat	Segelboot
Sailor	Seemann
Sea	Meer
Yacht	Yacht

Books
Bücher

Adventure	Abenteuer
Author	Autor
Collection	Kollektion
Context	Kontext
Duality	Dualität
Epic	Episch
Historical	Historisch
Humorous	Humorvoll
Inventive	Erfinderisch
Literary	Literarisch
Narrator	Erzähler
Novel	Roman
Page	Seite
Poem	Gedicht
Poetry	Poesie
Reader	Leser
Relevant	Relevant
Story	Geschichte
Tragic	Tragisch
Written	Geschrieben

Boxing
Boxen

Bell	Glocke
Body	Körper
Chin	Kinn
Corner	Ecke
Elbow	Ellbogen
Exhausted	Erschöpft
Fighter	Kämpfer
Fist	Faust
Focus	Fokus
Gloves	Handschuhe
Injuries	Verletzungen
Kick	Kick
Opponent	Gegner
Points	Punkte
Quick	Schnell
Recovery	Recovery
Ropes	Seile
Skill	Fähigkeit
Strength	Stärke

Buildings
Gebäude

Apartment	Apartment
Barn	Scheune
Cabin	Kabine
Castle	Schloss
Cinema	Kino
Embassy	Botschaft
Factory	Fabrik
Hospital	Krankenhaus
Hostel	Herberge
Hotel	Hotel
Laboratory	Labor
Museum	Museum
Observatory	Observatorium
School	Schule
Stadium	Stadion
Supermarket	Supermarkt
Tent	Zelt
Theater	Theater
Tower	Turm
University	Universität

Business
Geschäft

Budget	Budget
Career	Karriere
Company	Firma
Cost	Kosten
Currency	Währung
Discount	Rabatt
Economics	Wirtschaft
Employee	Mitarbeiter
Employer	Arbeitgeber
Factory	Fabrik
Finance	Finanzieren
Income	Einkommen
Investment	Investition
Manager	Manager
Merchandise	Ware
Money	Geld
Office	Büro
Sale	Verkauf
Shop	Geschäft
Taxes	Steuern

Camping
Camping

Adventure	Abenteuer
Animals	Tiere
Cabin	Kabine
Canoe	Kanu
Compass	Kompass
Fire	Feuer
Forest	Wald
Fun	Spass
Hammock	Hängematte
Hat	Hut
Hunting	Jagd
Insect	Insekt
Lake	See
Map	Karte
Moon	Mond
Mountain	Berg
Nature	Natur
Rope	Seil
Tent	Zelt
Trees	Bäume

Chemistry
Chemie

Acid	Säure
Alkaline	Alkalisch
Atomic	Atomic
Carbon	Kohlenstoff
Catalyst	Katalysator
Chlorine	Chlor
Electron	Elektron
Enzyme	Enzym
Gas	Gas
Heat	Hitze
Hydrogen	Wasserstoff
Ion	Ion
Liquid	Flüssigkeit
Molecule	Molekül
Nuclear	Nuklear
Organic	Organisch
Oxygen	Sauerstoff
Salt	Salz
Temperature	Temperatur
Weight	Gewicht

Chess
Schach

Black	Schwarz
Champion	Champion
Clever	Klug
Contest	Wettbewerb
Diagonal	Diagonal
Game	Spiel
King	König
Opponent	Gegner
Passive	Passiv
Player	Spieler
Points	Punkte
Queen	Königin
Rules	Regeln
Sacrifice	Opfer
Strategy	Strategie
Time	Zeit
To Learn	Lernen
Tournament	Turnier
White	Weiss

Chocolate
Schokolade

Antioxidant	Antioxidans
Aroma	Aroma
Artisanal	Handwerklich
Bitter	Bitter
Cacao	Kakao
Calories	Kalorien
Caramel	Karamell
Coconut	Kokosnuss
Craving	Verlangen
Delicious	Köstlich
Exotic	Exotisch
Favorite	Favorit
Ingredient	Zutat
Peanuts	Erdnüsse
Quality	Qualität
Recipe	Rezept
Sugar	Zucker
Sweet	Süss
Taste	Geschmack
To Eat	Essen

Circus
Zirkus

Acrobat	Akrobat
Animals	Tiere
Balloons	Ballons
Clown	Clown
Costume	Kostüm
Elephant	Elefant
Entertain	Unterhalten
Juggler	Jongleur
Lion	Löwe
Magic	Magie
Magician	Zauberer
Monkey	Affe
Music	Musik
Parade	Parade
Show	Zeigen
Spectacular	Spektakulär
Spectator	Zuschauer
Tent	Zelt
Tiger	Tiger
Trick	Trick

Clothes
Kleidung

Apron	Schürze
Belt	Gürtel
Blouse	Bluse
Bracelet	Armband
Coat	Mantel
Dress	Kleid
Fashion	Mode
Gloves	Handschuhe
Hat	Hut
Jacket	Jacke
Jeans	Jeans
Jewelry	Schmuck
Pajamas	Schlafanzug
Pants	Hose
Sandals	Sandalen
Scarf	Schal
Shirt	Hemd
Shoe	Schuh
Skirt	Rock
Sweater	Pullover

Coffee
Kaffee

Acidic	Sauer
Aroma	Aroma
Beverage	Getränk
Bitter	Bitter
Black	Schwarz
Caffeine	Koffein
Cream	Creme
Cup	Tasse
Filter	Filter
Flavor	Geschmack
Grind	Mahlen
Liquid	Flüssigkeit
Milk	Milch
Morning	Morgen
Origin	Ursprung
Price	Preis
Roasted	Geröstet
Sugar	Zucker
To Drink	Trinken
Water	Wasser

Colors
Farben

Azure	Azurblau
Beige	Beige
Black	Schwarz
Blue	Blau
Brown	Braun
Crimson	Purpur
Cyan	Zyan
Fuchsia	Fuchsie
Green	Grün
Grey	Grau
Indigo	Indigo
Magenta	Magenta
Orange	Orange
Pink	Rosa
Purple	Lila
Red	Rot
Sepia	Sepia
Violet	Violett
White	Weiss
Yellow	Gelb

Countries #1
Länder #1

Brazil	Brasilien
Canada	Kanada
Egypt	Ägypten
Finland	Finnland
Germany	Deutschland
Iraq	Irak
Israel	Israel
Italy	Italien
Latvia	Lettland
Libya	Libyen
Morocco	Marokko
Nicaragua	Nicaragua
Norway	Norwegen
Panama	Panama
Poland	Polen
Romania	Rumänien
Senegal	Senegal
Spain	Spanien
Venezuela	Venezuela
Vietnam	Vietnam

Countries #2
Länder #2

Albania	Albanien
Denmark	Dänemark
Ethiopia	Äthiopien
Greece	Griechenland
Haiti	Haiti
Jamaica	Jamaika
Japan	Japan
Laos	Laos
Lebanon	Libanon
Liberia	Liberia
Mexico	Mexiko
Nepal	Nepal
Nigeria	Nigeria
Pakistan	Pakistan
Russia	Russland
Somalia	Somalia
Sudan	Sudan
Syria	Syrien
Uganda	Uganda
Ukraine	Ukraine

Creativity
Kreativität

Artistic	Künstlerisch
Authenticity	Authentizität
Clarity	Klarheit
Dramatic	Dramatisch
Expression	Ausdruck
Feelings	Gefühle
Fluidity	Flüssigkeit
Ideas	Ideen
Image	Bild
Imagination	Phantasie
Impression	Eindruck
Inspiration	Inspiration
Intensity	Intensität
Intuition	Intuition
Inventive	Erfinderisch
Sensation	Sensation
Skill	Fähigkeit
Spontaneous	Spontan
Visions	Visionen
Vitality	Vitalität

Dance
Tanzen

Academy	Akademle
Art	Kunst
Body	Körper
Choreography	Choreographie
Classical	Klassisch
Cultural	Kulturell
Culture	Kultur
Emotion	Emotion
Expressive	Ausdrucksvoll
Grace	Anmut
Joyful	Freudig
Jump	Springen
Movement	Bewegung
Music	Musik
Partner	Partner
Posture	Haltung
Rehearsal	Probe
Rhythm	Rhythmus
Traditional	Traditionell
Visual	Visuell

Days and Months
Tage und Monate

April	April
August	August
Calendar	Kalender
February	Februar
Friday	Freitag
January	Januar
July	Juli
March	März
Monday	Montag
Month	Monat
November	November
October	Oktober
Saturday	Samstag
September	September
Sunday	Sonntag
Thursday	Donnerstag
Tuesday	Dienstag
Wednesday	Mittwoch
Week	Woche
Year	Jahr

Diplomacy
Diplomatie

Adviser	Berater
Ambassador	Botschafter
Citizens	Bürger
Community	Gemeinschaft
Conflict	Konflikt
Diplomatic	Diplomatisch
Discussion	Diskussion
Embassy	Botschaft
Ethics	Ethik
Foreign	Ausländisch
Government	Regierung
Humanitarian	Humanitär
Integrity	Integrität
Justice	Gerechtigkeit
Languages	Sprachen
Politics	Politik
Resolution	Auflösung
Security	Sicherheit
Solution	Lösung
Treaty	Vertrag

Driving
Fahren

Accident	Unfall
Brakes	Bremsen
Car	Auto
Danger	Gefahr
Driver	Treiber
Fuel	Brennstoff
Garage	Garage
Gas	Gas
License	Lizenz
Map	Karte
Motor	Motor
Motorcycle	Motorrad
Pedestrian	Fussgänger
Police	Polizei
Safety	Sicherheit
Street	Strasse
Traffic	Verkehr
Transportation	Transport
Truck	Lkw
Tunnel	Tunnel

Ecology
Ökologie

Climate	Klima
Communities	Gemeinschaft
Diversity	Vielfalt
Drought	Dürre
Fauna	Fauna
Flora	Flora
Global	Global
Habitat	Lebensraum
Marine	Marine
Marsh	Sumpf
Mountains	Berge
Natural	Natürlich
Nature	Natur
Plants	Pflanzen
Resources	Ressourcen
Species	Art
Survival	Überleben
Sustainable	Nachhaltig
Vegetation	Vegetation
Volunteers	Freiwillige

Electricity
Elektrizität

Battery	Batterie
Cable	Kabel
Electric	Elektrisch
Electrician	Elektriker
Equipment	Ausrüstung
Generator	Generator
Lamp	Lampe
Laser	Laser
Magnet	Magnet
Negative	Negativ
Network	Netzwerk
Objects	Objekte
Positive	Positiv
Quantity	Menge
Socket	Steckdose
Storage	Lagerung
Telephone	Telefon
Television	Fernsehen
Wires	Drähte

Emotions
Emotionen

Anger	Wut
Boredom	Langeweile
Calm	Ruhig
Content	Inhalt
Embarrassed	Beschämt
Excited	Aufgeregt
Fear	Angst
Grateful	Dankbar
Joy	Freude
Love	Liebe
Peace	Frieden
Relaxed	Entspannt
Relief	Relief
Sadness	Traurigkeit
Satisfied	Zufrieden
Surprise	Überraschen
Sympathy	Sympathie
Tenderness	Zärtlichkeit
Tranquility	Ruhe

Energy
Energie

Battery	Batterie
Carbon	Kohlenstoff
Diesel	Diesel
Electric	Elektrisch
Electron	Elektron
Entropy	Entropie
Environment	Umwelt
Fuel	Brennstoff
Gasoline	Benzin
Heat	Hitze
Hydrogen	Wasserstoff
Industry	Industrie
Motor	Motor
Nuclear	Nuklear
Photon	Photon
Pollution	Verschmutzung
Renewable	Erneuerbar
Steam	Dampf
Turbine	Turbine
Wind	Wind

Engineering
Ingenieurwesen

Angle	Winkel
Axis	Achse
Calculation	Berechnung
Construction	Konstruktion
Depth	Tiefe
Diagram	Diagramm
Diameter	Durchmesser
Diesel	Diesel
Distribution	Verteilung
Energy	Energie
Gears	Getriebe
Levers	Hebel
Liquid	Flüssigkeit
Machine	Maschine
Measurement	Messung
Motor	Motor
Propulsion	Antrieb
Stability	Stabilität
Strength	Stärke
Structure	Struktur

Family
Familie

Ancestor	Vorfahr
Aunt	Tante
Brother	Bruder
Child	Kind
Childhood	Kindheit
Children	Kinder
Cousin	Vetter
Daughter	Tochter
Father	Vater
Grandfather	Grossvater
Grandson	Enkel
Husband	Ehemann
Maternal	Mütterlich
Mother	Mutter
Nephew	Neffe
Niece	Nichte
Paternal	Väterlich
Sister	Schwester
Uncle	Onkel
Wife	Ehefrau

Farm #1
Bauernhof #1

Bee	Biene
Bison	Bison
Calf	Kalb
Cat	Katze
Chicken	Huhn
Cow	Kuh
Crow	Krähe
Dog	Hund
Donkey	Esel
Fence	Zaun
Fertilizer	Dünger
Field	Feld
Flock	Herde
Goat	Ziege
Hay	Heu
Honey	Honig
Horse	Pferd
Rice	Reis
Seeds	Saat
Water	Wasser

Farm #2
Bauernhof #2

Animals	Tiere
Barley	Gerste
Barn	Scheune
Corn	Mais
Duck	Ente
Farmer	Bauer
Food	Essen
Fruit	Frucht
Irrigation	Bewässerung
Lamb	Lamm
Llama	Lama
Meadow	Wiese
Milk	Milch
Orchard	Obstgarten
Sheep	Schaf
To Grow	Wachsen
Tractor	Traktor
Vegetable	Gemüse
Wheat	Weizen
Windmill	Windmühle

Fashion
Mode

Affordable	Erschwinglich
Boutique	Boutique
Buttons	Tasten
Clothing	Kleidung
Comfortable	Komfortabel
Elegant	Elegant
Embroidery	Stickerei
Expensive	Teuer
Fabric	Stoff
Lace	Spitze
Modern	Modern
Modest	Bescheiden
Original	Original
Pattern	Muster
Practical	Praktisch
Simple	Einfach
Sophisticated	Anspruchsvoll
Style	Stil
Texture	Textur
Trend	Trend

Fishing
Angeln

Bait	Köder
Basket	Korb
Beach	Strand
Boat	Boot
Cook	Kochen
Equipment	Ausrüstung
Exaggeration	Übertreibung
Fins	Flossen
Gills	Kiemen
Hook	Haken
Jaw	Kiefer
Lake	See
Ocean	Ozean
Patience	Geduld
River	Fluss
Scales	Waage
Season	Jahreszeit
Water	Wasser
Weight	Gewicht
Wire	Draht

Flowers
Blumen

Bouquet	Strauss
Clover	Klee
Daisy	Gänseblümchen
Dandelion	Löwenzahn
Gardenia	Gardenie
Hibiscus	Hibiskus
Jasmine	Jasmin
Lavender	Lavendel
Lilac	Lila
Lily	Lilie
Magnolia	Magnolie
Orchid	Orchidee
Passionflower	Passionsblume
Peony	Pfingstrose
Petal	Blütenblatt
Plumeria	Plumeria
Poppy	Mohn
Rose	Rose
Sunflower	Sonnenblume
Tulip	Tulpe

Food #1
Essen #1

Apricot	Aprikose
Barley	Gerste
Basil	Basilikum
Carrot	Karotte
Cinnamon	Zimt
Garlic	Knoblauch
Juice	Saft
Lemon	Zitrone
Milk	Milch
Onion	Zwiebel
Peanut	Erdnuss
Pear	Birne
Salad	Salat
Salt	Salz
Soup	Suppe
Spinach	Spinat
Strawberry	Erdbeere
Sugar	Zucker
Tuna	Thunfisch
Turnip	Rübe

Food #2
Essen #2

Apple	Apfel
Artichoke	Artischocke
Banana	Banane
Broccoli	Brokkoli
Celery	Sellerie
Cheese	Käse
Cherry	Kirsche
Chicken	Huhn
Chocolate	Schokolade
Egg	Ei
Eggplant	Aubergine
Fish	Fisch
Grape	Traube
Ham	Schinken
Kiwi	Kiwi
Mushroom	Pilz
Rice	Reis
Tomato	Tomate
Wheat	Weizen
Yogurt	Joghurt

Fruit
Obst

Apple	Apfel
Apricot	Aprikose
Avocado	Avocado
Banana	Banane
Berry	Beere
Cherry	Kirsche
Coconut	Kokosnuss
Fig	Feige
Grape	Traube
Guava	Guave
Kiwi	Kiwi
Lemon	Zitrone
Mango	Mango
Melon	Melone
Nectarine	Nektarine
Papaya	Papaya
Peach	Pfirsich
Pear	Birne
Pineapple	Ananas
Raspberry	Himbeere

Garden
Garten

Bench	Bank
Bush	Busch
Fence	Zaun
Flower	Blume
Garage	Garage
Garden	Garten
Grass	Gras
Hammock	Hängematte
Hose	Schlauch
Lawn	Rasen
Orchard	Obstgarten
Pond	Teich
Porch	Veranda
Rake	Rechen
Shovel	Schaufel
Soil	Boden
Terrace	Terrasse
Trampoline	Trampolin
Tree	Baum
Weeds	Unkraut

Geography
Geographie

Altitude	Höhe
Atlas	Atlas
City	Stadt
Continent	Kontinent
Country	Land
Hemisphere	Hemisphäre
Island	Insel
Latitude	Breite
Map	Karte
Meridian	Meridian
Mountain	Berg
North	Norden
Ocean	Ozean
Region	Region
River	Fluss
Sea	Meer
South	Süden
Territory	Gebiet
West	West
World	Welt

Geology
Geologie

Acid	Säure
Calcium	Kalzium
Cavern	Höhle
Continent	Kontinent
Coral	Koralle
Crystals	Kristalle
Cycles	Zyklen
Earthquake	Erdbeben
Erosion	Erosion
Fossil	Fossil
Geyser	Geysir
Lava	Lava
Layer	Schicht
Minerals	Mineralien
Plateau	Plateau
Quartz	Quarz
Salt	Salz
Stalactite	Stalaktit
Stone	Stein
Volcano	Vulkan

Geometry
Geometrie

Angle	Winkel
Calculation	Berechnung
Circle	Kreis
Curve	Kurve
Diameter	Durchmesser
Dimension	Dimension
Equation	Gleichung
Height	Höhe
Horizontal	Horizontal
Logic	Logik
Mass	Masse
Median	Median
Number	Nummer
Parallel	Parallel
Proportion	Anteil
Segment	Segment
Surface	Oberfläche
Symmetry	Symmetrie
Theory	Theorie
Triangle	Dreieck

Government
Regierung

Civil	Zivil
Constitution	Verfassung
Democracy	Demokratie
Discussion	Diskussion
Dissent	Dissens
District	Bezirk
Equality	Gleichheit
Judicial	Justiziell
Justice	Gerechtigkeit
Law	Gesetz
Leader	Führer
Liberty	Freiheit
Monument	Denkmal
Nation	Nation
National	National
Peaceful	Friedlich
Politics	Politik
Speech	Rede
State	Staat
Symbol	Symbol

Hair Types
Haartypen

Bald	Kahl
Black	Schwarz
Blond	Blond
Braided	Geflochten
Braids	Zöpfe
Brown	Braun
Colored	Farbig
Curls	Locken
Curly	Lockig
Dry	Trocken
Gray	Grau
Healthy	Gesund
Long	Lang
Shiny	Glänzend
Short	Kurz
Soft	Weich
Thick	Dick
Thin	Dünn
Wavy	Wellig
White	Weiss

Health and Wellness #1
Gesundheit und Wellness #1

Active	Aktiv
Bacteria	Bakterien
Bones	Knochen
Clinic	Klinik
Doctor	Arzt
Fracture	Fraktur
Habit	Gewohnheit
Height	Höhe
Hormones	Hormone
Hunger	Hunger
Muscles	Muskel
Nerves	Nerven
Pharmacy	Apotheke
Reflex	Reflex
Relaxation	Entspannung
Skin	Haut
Therapy	Therapie
To Breathe	Atmen
Treatment	Behandlung
Virus	Virus

Health and Wellness #2
Gesundheit und Wellness #2

Allergy	Allergie
Anatomy	Anatomie
Appetite	Appetit
Blood	Blut
Calorie	Kalorie
Dehydration	Austrocknung
Diet	Diät
Disease	Krankheit
Energy	Energie
Genetics	Genetik
Healthy	Gesund
Hospital	Krankenhaus
Hygiene	Hygiene
Infection	Infektion
Massage	Massage
Nutrition	Ernährung
Recovery	Recovery
Stress	Stress
Vitamin	Vitamin
Weight	Gewicht

Herbalism
Kräuterkunde

Aromatic	Aromatisch
Basil	Basilikum
Beneficial	Vorteilhaft
Culinary	Kulinarisch
Fennel	Fenchel
Flavor	Geschmack
Flower	Blume
Garden	Garten
Garlic	Knoblauch
Green	Grün
Ingredient	Zutat
Lavender	Lavendel
Marjoram	Majoran
Mint	Minze
Oregano	Oregano
Parsley	Petersilie
Plant	Pflanze
Rosemary	Rosmarin
Saffron	Safran
Tarragon	Estragon

Hiking
Wandern

Animals	Tiere
Boots	Stiefel
Camping	Camping
Cliff	Klippe
Climate	Klima
Guides	Führer
Hazards	Gefahren
Heavy	Schwer
Map	Karte
Mountain	Berg
Nature	Natur
Orientation	Orientierung
Parks	Parks
Preparation	Vorbereitung
Stones	Steine
Summit	Gipfel
Sun	Sonne
Tired	Müde
Water	Wasser
Wild	Wild

House
Haus

Attic	Dachboden
Broom	Besen
Curtains	Vorhang
Door	Tür
Fence	Zaun
Fireplace	Kamin
Floor	Boden
Furniture	Möbel
Garage	Garage
Garden	Garten
Keys	Schlüssel
Kitchen	Küche
Lamp	Lampe
Library	Bibliothek
Mirror	Spiegel
Roof	Dach
Room	Zimmer
Shower	Dusche
Wall	Wand
Window	Fenster

Human Body
Menschlicher Körper

Ankle	Knöchel
Blood	Blut
Bones	Knochen
Brain	Gehirn
Chin	Kinn
Ear	Ohr
Elbow	Ellbogen
Face	Gesicht
Finger	Finger
Hand	Hand
Head	Kopf
Heart	Herz
Jaw	Kiefer
Knee	Knie
Leg	Bein
Mouth	Mund
Neck	Hals
Nose	Nase
Shoulder	Schulter
Skin	Haut

Jazz
Jazz

Album	Album
Applause	Applaus
Artist	Künstler
Composer	Komponist
Concert	Konzert
Drums	Schlagzeug
Emphasis	Betonung
Famous	Berühmt
Favorites	Favoriten
Genre	Genre
Improvisation	Improvisation
Music	Musik
New	Neu
Old	Alt
Orchestra	Orchester
Rhythm	Rhythmus
Song	Lied
Style	Stil
Talent	Talent
Technique	Technik

Landscapes
Landschaften

Beach	Strand
Cave	Höhle
Desert	Wüste
Geyser	Geysir
Glacier	Gletscher
Hill	Hügel
Iceberg	Eisberg
Island	Insel
Lake	See
Mountain	Berg
Oasis	Oase
Ocean	Ozean
Peninsula	Halbinsel
River	Fluss
Sea	Meer
Swamp	Sumpf
Tundra	Tundra
Valley	Tal
Volcano	Vulkan
Waterfall	Wasserfall

Literature
Literatur

Analogy	Analogie
Analysis	Analyse
Anecdote	Anekdote
Author	Autor
Biography	Biographie
Comparison	Vergleich
Description	Beschreibung
Dialogue	Dialog
Fiction	Fiktion
Metaphor	Metapher
Narrator	Erzähler
Novel	Roman
Opinion	Meinung
Poem	Gedicht
Poetic	Poetisch
Rhyme	Reim
Rhythm	Rhythmus
Style	Stil
Theme	Thema
Tragedy	Tragödie

Mammals
Säugetiere

Bear	Bär
Beaver	Biber
Bull	Stier
Cat	Katze
Coyote	Kojote
Dog	Hund
Dolphin	Delfin
Elephant	Elefant
Fox	Fuchs
Giraffe	Giraffe
Gorilla	Gorilla
Horse	Pferd
Kangaroo	Känguru
Lion	Löwe
Monkey	Affe
Rabbit	Hase
Sheep	Schaf
Whale	Wal
Wolf	Wolf
Zebra	Zebra

Math
Mathematik

Angles	Winkel
Arithmetic	Arithmetik
Circumference	Umfang
Decimal	Dezimal
Diameter	Durchmesser
Division	Division
Equation	Gleichung
Exponent	Exponent
Fraction	Bruchteil
Geometry	Geometrie
Numbers	Zahlen
Parallel	Parallel
Polygon	Polygon
Radius	Radius
Rectangle	Rechteck
Square	Quadrat
Sum	Summe
Symmetry	Symmetrie
Triangle	Dreieck
Volume	Volumen

Measurements
Messungen

Byte	Byte
Centimeter	Zentimeter
Decimal	Dezimal
Degree	Grad
Depth	Tiefe
Gram	Gramm
Height	Höhe
Inch	Zoll
Kilogram	Kilogramm
Kilometer	Kilometer
Length	Länge
Liter	Liter
Mass	Masse
Meter	Meter
Minute	Minute
Ounce	Unze
Ton	Tonne
Volume	Volumen
Weight	Gewicht
Width	Breite

Meditation
Meditation

Acceptance	Annahme
Awake	Wach
Breathing	Atmung
Calm	Ruhig
Clarity	Klarheit
Compassion	Mitgefühl
Gratitude	Dankbarkeit
Happiness	Glück
Insight	Einblick
Mental	Geistig
Mind	Verstand
Movement	Bewegung
Music	Musik
Nature	Natur
Peace	Frieden
Perspective	Perspektive
Posture	Haltung
Silence	Stille
Thoughts	Gedanken
To Learn	Lernen

Music
Musik

Album	Album
Ballad	Ballade
Chorus	Chor
Classical	Klassisch
Eclectic	Eklektisch
Harmonic	Harmonisch
Harmony	Harmonie
Instrument	Instrument
Lyrical	Lyrisch
Melody	Melodie
Microphone	Mikrofon
Musical	Musical
Musician	Musiker
Opera	Oper
Poetic	Poetisch
Recording	Aufnahme
Rhythm	Rhythmus
Rhythmic	Rhythmisch
Sing	Singen
Singer	Sänger

Musical Instruments
Musikinstrumente

Banjo	Banjo
Bassoon	Fagott
Cello	Cello
Chimes	Glockenspiel
Clarinet	Klarinette
Drum	Trommel
Flute	Flöte
Gong	Gong
Guitar	Gitarre
Harp	Harfe
Mandolin	Mandoline
Marimba	Marimba
Oboe	Oboe
Percussion	Schlagzeug
Piano	Klavier
Saxophone	Saxophon
Tambourine	Tamburin
Trombone	Posaune
Trumpet	Trompete
Violin	Geige

Mythology
Mythologie

Archetype	Archetyp
Behavior	Verhalten
Creation	Kreation
Creature	Kreatur
Culture	Kultur
Deities	Gottheiten
Disaster	Katastrophe
Heaven	Himmel
Hero	Held
Heroine	Heldin
Jealousy	Eifersucht
Labyrinth	Labyrinth
Legend	Legende
Lightning	Blitz
Monster	Monster
Mortal	Sterblich
Revenge	Rache
Strength	Stärke
Thunder	Donner
Warrior	Krieger

Nature
Natur

Animals	Tiere
Arctic	Arktis
Beauty	Schönheit
Bees	Bienen
Clouds	Wolken
Desert	Wüste
Dynamic	Dynamisch
Erosion	Erosion
Fog	Nebel
Foliage	Laub
Forest	Wald
Glacier	Gletscher
Mountains	Berge
Peaceful	Friedlich
River	Fluss
Sanctuary	Heiligtum
Serene	Heiter
Tropical	Tropisch
Vital	Lebenswichtig
Wild	Wild

Numbers
Zahlen

Decimal	Dezimal
Eight	Acht
Eighteen	Achtzehn
Fifteen	Fünfzehn
Five	Fünf
Four	Vier
Fourteen	Vierzehn
Nine	Neun
Nineteen	Neunzehn
One	Eins
Seven	Sieben
Seventeen	Siebzehn
Six	Sechs
Sixteen	Sechzehn
Ten	Zehn
Thirteen	Dreizehn
Three	Drei
Twelve	Zwölf
Twenty	Zwanzig
Two	Zwei

Nutrition
Ernährung

Appetite	Appetit
Balanced	Ausgewogen
Bitter	Bitter
Calories	Kalorien
Carbohydrates	Kohlenhydrate
Diet	Diät
Digestion	Verdauung
Edible	Essbar
Fermentation	Fermentation
Flavor	Geschmack
Health	Gesundheit
Healthy	Gesund
Liquids	Flüssigkeiten
Nutrient	Nährstoff
Proteins	Proteine
Quality	Qualität
Sauce	Sosse
Toxin	Toxin
Vitamin	Vitamin
Weight	Gewicht

Ocean
Ozean

Algae	Algen
Coral	Koralle
Crab	Krabbe
Dolphin	Delfin
Eel	Aal
Fish	Fisch
Jellyfish	Qualle
Octopus	Krake
Oyster	Auster
Reef	Riff
Salt	Salz
Seaweed	Seetang
Shark	Hai
Shrimp	Garnele
Sponge	Schwamm
Storm	Sturm
Tides	Gezeiten
Tuna	Thunfisch
Turtle	Schildkröte
Whale	Wal

Pets
Haustiere

Cat	Katze
Collar	Kragen
Cow	Kuh
Dog	Hund
Fish	Fisch
Food	Essen
Goat	Ziege
Hamster	Hamster
Kitten	Kätzchen
Leash	Leine
Lizard	Eidechse
Mouse	Maus
Parrot	Papagei
Paws	Pfoten
Puppy	Welpe
Rabbit	Hase
Tail	Schwanz
Turtle	Schildkröte
Veterinarian	Tierarzt
Water	Wasser

Physics
Physik

Atom	Atom
Chaos	Chaos
Chemical	Chemisch
Density	Dichte
Electron	Elektron
Engine	Motor
Expansion	Expansion
Experiment	Experiment
Formula	Formel
Frequency	Frequenz
Gas	Gas
Gravity	Schwerkraft
Magnetism	Magnetismus
Mass	Masse
Mechanics	Mechanik
Molecule	Molekül
Nuclear	Nuklear
Particle	Partikel
Relativity	Relativität
Universal	Universal

Plants
Pflanzen

Bamboo	Bambus
Bean	Bohne
Berry	Beere
Botany	Botanik
Bush	Busch
Cactus	Kaktus
Fertilizer	Dünger
Flora	Flora
Flower	Blume
Foliage	Laub
Forest	Wald
Garden	Garten
Grass	Gras
Ivy	Efeu
Moss	Moos
Petal	Blütenblatt
Root	Wurzel
Stem	Stamm
Tree	Baum
Vegetation	Vegetation

Professions #1
Berufe #1

Ambassador	Botschafter
Astronomer	Astronom
Attorney	Rechtsanwalt
Banker	Bankier
Cartographer	Kartograph
Coach	Trainer
Dancer	Tänzer
Doctor	Arzt
Editor	Editor
Firefighter	Feuerwehrmann
Geologist	Geologe
Hunter	Jäger
Jeweler	Juwelier
Musician	Musiker
Pianist	Pianist
Plumber	Klempner
Psychologist	Psychologe
Sailor	Seemann
Tailor	Schneider
Veterinarian	Tierarzt

Professions #2
Berufe #2

Astronaut	Astronaut
Biologist	Biologe
Dentist	Zahnarzt
Detective	Detektiv
Engineer	Ingenieur
Farmer	Bauer
Gardener	Gärtner
Illustrator	Illustrator
Inventor	Erfinder
Journalist	Journalist
Librarian	Bibliothekar
Linguist	Linguist
Painter	Maler
Philosopher	Philosoph
Photographer	Fotograf
Physician	Arzt
Pilot	Pilot
Surgeon	Chirurg
Teacher	Lehrer
Zoologist	Zoologe

Restaurant #2
Restaurant #2

Beverage	Getränk
Cake	Kuchen
Chair	Stuhl
Delicious	Köstlich
Dinner	Abendessen
Eggs	Eier
Fish	Fisch
Fork	Gabel
Fruit	Frucht
Ice	Eis
Lunch	Mittagessen
Noodles	Nudeln
Salad	Salat
Salt	Salz
Soup	Suppe
Spices	Gewürze
Spoon	Löffel
Vegetables	Gemüse
Waiter	Kellner
Water	Wasser

Science Fiction
Science Fiction

Atomic	Atomic
Books	Bücher
Chemicals	Chemikalien
Cinema	Kino
Dystopia	Dystopie
Explosion	Explosion
Extreme	Extrem
Fantastic	Fantastisch
Fire	Feuer
Futuristic	Futuristisch
Galaxy	Galaxie
Illusion	Illusion
Imaginary	Imaginär
Mysterious	Geheimnisvoll
Oracle	Orakel
Planet	Planet
Robots	Roboter
Technology	Technologie
Utopia	Utopie
World	Welt

Scientific Disciplines
Wissenschaftliche Disziplinen

Anatomy	Anatomie
Archaeology	Archäologie
Astronomy	Astronomie
Biochemistry	Biochemie
Biology	Biologie
Botany	Botanik
Chemistry	Chemie
Ecology	Ökologie
Geology	Geologie
Immunology	Immunologie
Kinesiology	Kinesiologie
Linguistics	Linguistik
Mechanics	Mechanik
Mineralogy	Mineralogie
Neurology	Neurologie
Physiology	Physiologie
Psychology	Psychologie
Sociology	Soziologie
Thermodynamics	Thermodynamik
Zoology	Zoologie

Shapes
Formen

Arc	Bogen
Circle	Kreis
Cone	Kegel
Corner	Ecke
Cube	Würfel
Curve	Kurve
Cylinder	Zylinder
Edges	Kanten
Ellipse	Ellipse
Hyperbola	Hyperbel
Line	Linie
Oval	Oval
Polygon	Polygon
Prism	Prisma
Pyramid	Pyramide
Rectangle	Rechteck
Side	Seite
Sphere	Kugel
Square	Quadrat
Triangle	Dreieck

Spices
Gewürze

Anise	Anis
Bitter	Bitter
Cardamom	Kardamom
Cinnamon	Zimt
Clove	Nelke
Coriander	Koriander
Cumin	Kreuzkümmel
Curry	Curry
Fennel	Fenchel
Fenugreek	Bockshornklee
Flavor	Geschmack
Garlic	Knoblauch
Ginger	Ingwer
Nutmeg	Muskatnuss
Onion	Zwiebel
Paprika	Paprika
Saffron	Safran
Salt	Salz
Sweet	Süss
Vanilla	Vanille

Sport
Sport

Ability	Fähigkeit
Athlete	Athlet
Body	Körper
Bones	Knochen
Coach	Trainer
Cycling	Radfahren
Dancing	Tanzen
Diet	Diät
Endurance	Ausdauer
Health	Gesundheit
Jogging	Joggen
Maximize	Maximieren
Metabolic	Metabolisch
Muscles	Muskel
Nutrition	Ernährung
Program	Programm
Sports	Sport
Strength	Stärke
To Breathe	Atmen
To Swim	Schwimmen

Technology
Technologie

Blog	Blog
Browser	Browser
Bytes	Bytes
Camera	Kamera
Computer	Computer
Cursor	Cursor
Data	Daten
Digital	Digital
Display	Anzeige
File	Datei
Font	Schriftart
Internet	Internet
Message	Nachricht
Research	Forschung
Screen	Bildschirm
Security	Sicherheit
Software	Software
Statistics	Statistik
Virtual	Virtuell
Virus	Virus

The Company
Das Unternehmen

Business	Geschäft
Creative	Kreativ
Decision	Entscheidung
Employment	Beschäftigung
Global	Global
Industry	Industrie
Innovative	Innovativ
Investment	Investition
Possibility	Möglichkeit
Presentation	Präsentation
Product	Produkt
Professional	Professionell
Progress	Fortschritt
Quality	Qualität
Reputation	Ruf
Resources	Ressourcen
Revenue	Einnahmen
Risks	Risiken
Units	Einheiten
Wages	Löhne

Time
Zeit

Annual	Jährlich
Before	Vor
Calendar	Kalender
Century	Jahrhundert
Clock	Uhr
Day	Tag
Decade	Jahrzehnt
Early	Früh
Future	Zukunft
Hour	Stunde
Minute	Minute
Month	Monat
Morning	Morgen
Night	Nacht
Noon	Mittag
Now	Jetzt
Soon	Bald
Today	Heute
Week	Woche
Year	Jahr

To Fill
Zu Füllen

Barrel	Fass
Basin	Becken
Basket	Korb
Bottle	Flasche
Box	Box
Bucket	Eimer
Carton	Karton
Crate	Kiste
Drawer	Schublade
Envelope	Umschlag
Folder	Mappe
Jar	Krug
Packet	Paket
Pocket	Tasche
Suitcase	Koffer
Tray	Tablett
Tub	Wanne
Tube	Rohr
Vase	Vase
Vessel	Schiff

Town
Stadt

Airport	Flughafen
Bakery	Bäckerei
Bank	Bank
Bookstore	Buchhandlung
Cinema	Kino
Clinic	Klinik
Florist	Blumenhändler
Gallery	Galerie
Hotel	Hotel
Library	Bibliothek
Market	Markt
Museum	Museum
Pharmacy	Apotheke
School	Schule
Stadium	Stadion
Store	Geschäft
Supermarket	Supermarkt
Theater	Theater
University	Universität
Zoo	Zoo

Universe
Universum

Asteroid	Asteroid
Astronomer	Astronom
Astronomy	Astronomie
Atmosphere	Atmosphäre
Celestial	Himmlisch
Cosmic	Kosmisch
Darkness	Dunkelheit
Eon	Äon
Galaxy	Galaxie
Hemisphere	Hemisphäre
Horizon	Horizont
Latitude	Breite
Moon	Mond
Orbit	Orbit
Sky	Himmel
Solar	Solar
Solstice	Sonnenwende
Telescope	Teleskop
Visible	Sichtbar
Zodiac	Tierkreis

Vacation #2
Urlaub #2

Airport	Flughafen
Beach	Strand
Camping	Camping
Destination	Ziel
Foreign	Ausländisch
Foreigner	Ausländer
Holiday	Urlaub
Hotel	Hotel
Island	Insel
Journey	Reise
Leisure	Freizeit
Map	Karte
Mountains	Berge
Passport	Pass
Sea	Meer
Taxi	Taxi
Tent	Zelt
Train	Zug
Transportation	Transport
Visa	Visum

Vegetables
Gemüse

Artichoke	Artischocke
Broccoli	Brokkoli
Carrot	Karotte
Cauliflower	Blumenkohl
Celery	Sellerie
Cucumber	Gurke
Eggplant	Aubergine
Garlic	Knoblauch
Ginger	Ingwer
Mushroom	Pilz
Onion	Zwiebel
Parsley	Petersilie
Pea	Erbse
Pumpkin	Kürbis
Radish	Rettich
Salad	Salat
Shallot	Schalotte
Spinach	Spinat
Tomato	Tomate
Turnip	Rübe

Vehicles
Fahrzeuge

Airplane	Flugzeug
Ambulance	Krankenwagen
Bicycle	Fahrrad
Boat	Boot
Bus	Bus
Car	Auto
Caravan	Wohnwagen
Ferry	Fähre
Helicopter	Hubschrauber
Motor	Motor
Raft	Floss
Rocket	Rakete
Scooter	Roller
Submarine	U-Boot
Subway	U-Bahn
Taxi	Taxi
Tires	Reifen
Tractor	Traktor
Train	Zug
Truck	Lkw

Visual Arts
Bildende Kunst

Architecture	Architektur
Artist	Künstler
Ceramics	Keramik
Chalk	Kreide
Charcoal	Holzkohle
Clay	Ton
Creativity	Kreativität
Easel	Staffelei
Film	Film
Masterpiece	Meisterwerk
Painting	Gemälde
Pen	Stift
Pencil	Bleistift
Perspective	Perspektive
Photograph	Foto
Portrait	Porträt
Sculpture	Skulptur
Stencil	Schablone
Varnish	Lack
Wax	Wachs

Water
Wasser

Canal	Kanal
Damp	Feucht
Drinkable	Trinkbar
Evaporation	Verdunstung
Flood	Flut
Frost	Frost
Geyser	Geysir
Hurricane	Hurrikan
Ice	Eis
Irrigation	Bewässerung
Lake	See
Moisture	Feuchtigkeit
Monsoon	Monsun
Ocean	Ozean
Rain	Regen
River	Fluss
Shower	Dusche
Snow	Schnee
Steam	Dampf
Waves	Wellen

Weather
Wetter

Atmosphere	Atmosphäre
Breeze	Brise
Climate	Klima
Cloud	Wolke
Drought	Dürre
Dry	Trocken
Fog	Nebel
Hurricane	Hurrikan
Ice	Eis
Lightning	Blitz
Monsoon	Monsun
Polar	Polar
Rainbow	Regenbogen
Sky	Himmel
Storm	Sturm
Temperature	Temperatur
Thunder	Donner
Tornado	Tornado
Tropical	Tropisch
Wind	Wind

Congratulations

You made it!

We hope you enjoyed this book as much as we enjoyed making it. We do our best to make high quality games.
These puzzles are designed in a clever way for you to learn actively while having fun!

Did you love them?

A Simple Request

Our books exist thanks your reviews. Could you help us by leaving one now?

Here is a short link which will take you to your order review page:

BestBooksActivity.com/Review50

MONSTER CHALLENGE!

Challenge #1

Ready for Your Bonus Game? We use them all the time but they are not so easy to find. Here are **Synonyms**!

Note 5 words you discovered in each of the Puzzles noted below (#21, #36, #76) and try to find 2 synonyms for each word.

Note 5 Words from ***Puzzle 21***

Words	Synonym 1	Synonym 2

Note 5 Words from ***Puzzle 36***

Words	Synonym 1	Synonym 2

Note 5 Words from ***Puzzle 76***

Words	Synonym 1	Synonym 2

Challenge #2

Now that you are warmed-up, note 5 words you discovered in each Puzzle noted below (#9, #17, #25) and try to find 2 antonyms for each word. How many lines can you do in 20 minutes?

*Note 5 Words from **Puzzle 9***

Words	Antonym 1	Antonym 2

*Note 5 Words from **Puzzle 17***

Words	Antonym 1	Antonym 2

*Note 5 Words from **Puzzle 25***

Words	Antonym 1	Antonym 2

Challenge #3

Wonderful, this monster  challenge is nothing to you!

Ready for the last one? Choose your 10 favorite words discovered in any of the Puzzles and note them below.

1.	6.
2.	7.
3.	8.
4.	9.
5.	10.

Now, using these words and within a maximum of six sentences, your challenge is to compose a text about a person, animal or place that you love!

Tip: You can use the last blank page of this book as a draft!

Your Writing:

NOTEBOOK:

SEE YOU SOON!

Linguas Classics Team

www.ingramcontent.com/pod-product-compliance
Lightning Source LLC
LaVergne TN
LVHW060316080526
838202LV00053B/4349
9782491792404